福祉実践と地域社会
鹿児島の人と福祉のあり方

特定非営利活動法人 福祉21かごしま 監修
高橋信行・久木元 司 編著
TAKAHASHI Nobuyuki, KUKIMOTO Tsukasa

ナカニシヤ出版

はじめに

　当法人の前理事長伊東安男氏との共同編集で出版した『現代社会福祉――鹿児島からの発信』を出してから5年がたった。その間に，社会福祉は制度的部分，非制度的部分を含め，大きく様変わりをした。しかし，本書は単に制度的部分の改編のみにターゲットを絞って再び発刊したわけではない。基本的なコンセプトは前著と変わらないが，より「今，ここで，」ということにこだわった。また当法人が事業として行っている評価活動について，章をもうけて説明をしている。社会福祉の基礎構造改革において提起され，その後具体化された評価事業であるが，現在評価事業そのものは，理念，運営方法をめぐって曲がり角に来ているように思う。しかし，その前に評価事業そのものを振り返り，評価する，そんな試みが必要ではないか。本書ではささやかであるが，そうした点を意識しながら，執筆に取り組んだ。前著との違いは，それ以外にも，新しいテーマとして，福祉人材やソーシャルインクルージョンの問題もとりあげた。

　最近，大学の演習テーマとして「福祉職をめざす学生のキャリア形成」を選び，各人に高校福祉から福祉系大学を選んできた学生のインタビューを行ってもらった。逐語記録からみられるのは，福祉系の学校の中では，介護福祉士やヘルパー資格を得るために一生懸命に学習を行い，福祉系大学に入ると社会福祉士や精神保健福祉士と，複数資格取得に懸命になる学生の姿であったが，最終的な職業選択はあまり明確ではない。あげるとすれば「福祉事務所」の職員になりたいという。なにか福祉職での公務員志向のようにも見えた。一方で，深刻な社会問題や，虐げられた人達のビデオを見せると，「どうして，こんな悲しいビデオを私たちに見せるのですか」と憤る学生がいたりするという話を聞いた。福祉が社会性を持たないのか，社会の中で排除されている人達への志向へ行かないのか，「社会正義」ということを社会福祉教育の中で，どのように展開できるのかをあらためて考えた。

今回，社会福祉施設の長としてのみならず，日本の社会福祉のために，全国各地で活躍されている久木元司氏と共に編集した本書は，福祉の手引き書やテキストとしても，もちろん使っていただきたいが，鹿児島からのあついメッセージとして受け止めていただければ幸いである。
　なお，本書の作成にあたって，お世話になった鹿児島県を中心とした多くの福祉関係者の方々にお礼を述べるとともに，この企画に，辛抱強くつきあっていただいたナカニシヤ出版の津久井輝夫氏に深く感謝したい。

　2009年11月

高 橋 信 行

目　次

はじめに …………………………………………………………………… i

第❶章　現代社会と福祉 …………………………………………… 3

　1　社会福祉の抑止力 ……………………………………………… 4
　2　子どもと福祉 …………………………………………………… 4
　　　――子どもの貧困とスクールソーシャルワーカー――
　3　福祉人材の浮き沈みと若者の介護職離れ …………………… 5
　4　地域福祉のあり方 ……………………………………………… 6
　5　社会的に排除された人達への支援 …………………………… 8
　6　非制度的サービスと社会福祉 ………………………………… 9

第❷章　子ども家庭福祉 …………………………………………… 11

　1　はじめに ………………………………………………………… 12
　2　児童福祉 ………………………………………………………… 12
　　　――子ども家庭福祉へのあゆみ――
　3　子ども家庭福祉の現状と課題 ………………………………… 20
　4　児童の健全育成 ………………………………………………… 26
　5　次世代育成支援（子育て支援） ……………………………… 32

第❸章　高齢者福祉 ………………………………………………… 39

　1　介護保険と高齢者 ……………………………………………… 40

2　在宅ケアの現状と課題 …………………………………45
  3　介護保険法と施設サービス ……………………………47
  4　鹿児島県の高齢者福祉施設の歩みと現状 ……………48
  5　鹿児島県における高齢者福祉施設の課題 ……………54
  6　鹿児島県の高齢者福祉施設の展望 ……………………58

第4章　障害者福祉 ……………………………………61

  1　三障害と自立支援法 ……………………………………62
  2　事例　身体障害者福祉 …………………………………67
  3　知的障害者福祉 …………………………………………72
  4　精神障害者福祉 …………………………………………79

第5章　地域福祉 ………………………………………87

  1　今なぜ地域福祉か ………………………………………88
  2　地域福祉の概念 …………………………………………88
  3　地域福祉におけるコミュニティ ………………………90
  4　地域福祉の実践 …………………………………………91
  5　地域福祉課題について …………………………………98
  6　新しい公共の形成を目指すコミュニティ政策と
　　 地域福祉のあり方 ………………………………………99
  7　鹿児島の地域福祉活動事例 ……………………………101

第6章　生活保護とソーシャル・インクルージョン …111

  1　生活保護の今 ……………………………………………112
  2　ホームレス支援 …………………………………………117

3　外国人研修生・技能実習生を地域で支える ……………………122

第7章　医療福祉 ……………………………………………………129
　1　大腿骨頸部骨折の地域連携パスに関わる意義について ……………………………………………………………130
　2　緩和ケアを必要とする患者への退院援助について考える ……………………………………………………………135
　3　最後に ……………………………………………………138

第8章　社会福祉と人材 ……………………………………139
　1　福祉専門職の養成 ……………………………………140
　2　ボランティアの力 ……………………………………149

第9章　離島の福祉 ……………………………………………155
　1　甑島の福祉 ……………………………………………156
　2　熊毛の福祉 ……………………………………………158
　3　三島村と十島村の福祉 ………………………………161
　4　奄美大島の福祉 ………………………………………164
　5　喜界島の福祉 …………………………………………167
　6　ユイの島，徳之島 ……………………………………168
　7　花の島，沖永良部島 …………………………………170
　8　与論島 …………………………………………………171
　　　――与論献法と福祉――

第10章　社会福祉と評価活動 ………………………………173
　1　社会福祉事業を評価する ……………………………174
　2　福祉サービス第三者評価事業 ………………………177

  3　介護サービス情報の公表 …………………………………180
  4　外部評価 ……………………………………………………186
  5　調査員が語る評価事業 ……………………………………192
   ――外部評価を中心として――

第⓫章　鹿児島の福祉人 …………………………203
  1　利用者の笑顔を引き出すために …………………………204
  2　ありのままの自分でいられる社会へ ……………………208
  3　自立への後押し ……………………………………………214
  4　人と人とのつながりを大切に ……………………………220
   ――地域と共に歩む――

＊

  コラム1　児童虐待　16
  コラム2　スクールソーシャルワーク　25
  コラム3　のんびり・ゆっくり・ゆったり「村長の家」　52
  コラム4　高齢者虐待と権利擁護枕崎市地域包括支援セン
     　ター　55
  コラム5　精神障害者当事者支援　83
  コラム6　若者の介護職離れ　147

＊

  あとがき ………………………………………………………224

福祉実践と地域社会
――鹿児島の人と福祉のあり方――

第1章
現代社会と福祉

1　社会福祉の抑止力

「さまざまな人の生死に関わるような重大事件の取材をしていて思うのは，もしも社会福祉が機能していれば，こんなことにはならなかったはずだということです」

これは，以前，社会福祉特集の取材で出会った新聞記者の，「なぜ社会福祉に関心を持ったのですか」との私の問いに対する答えである。

例えば，日本の自殺者は，11年連続して3万人を超えている。そしてこの数字は，徐々に増えたわけではなく，1997年を境にして，一挙に8000人も増加した。1997年と言えば，山一証券の破綻や北海道拓殖銀行の倒産のあった年である。『自殺実態白書』（2008）によれば，自殺の直接的原因としては，うつから自殺に向かうパターンが多いが，その前にいくつかの要因が複合的に重なり合って自殺が起きるという。それは，職場の配置転換，失業，多重債務等であったりする。自殺は個人的側面を持っていると同時に社会構造上の問題であるというのである。社会福祉の仕組みを成熟させることは，より重大な事件や社会病理を抑止する力をもっている。

社会福祉は生活を支える方法である。それは，何らかの理由で生活が阻害されたり，破綻したりすることを食い止めたり，生活を復元させるための手段である。また社会福祉は自己実現のための方法でもあると言われる。しかしそこに他者の存在が意識されなければ，それは単なる自己充足の活動に終わってしまう。社会福祉は「共生と社会正義」という言葉と切っても切れない。

2　子どもと福祉
―― 子どもの貧困とスクールソーシャルワーカー ――

子どもの問題をめぐっては児童虐待や不登校の増加，子どもの貧困等が深刻化しているといわれている。学校教育の中でもさまざまな生活問題が起きている。朝ご飯を食べていない。授業で使う文具が買えない。高校の授業料

が払えないなど。家庭の深刻な問題が，子ども達の学習にさまざまな影響を与えているのである。モンスターペアレントと批判される裏側には，子どもに十分な教育環境を与えられない家庭の苦悩があると指摘する声もある。

　教員だけでは対処できない種々の生活問題を教員や地域社会とともに解決するために，スクールソーシャルワーカーという社会福祉の専門職が各地で活躍している。鹿児島県でも配置されたが，十分機能しているとは言い難い（第2章1を参照）。県内には，こうした問題にあたれる社会福祉士は多くいるが，週に何日かの業務待遇では，現在の仕事をやめて，スクールソーシャルワーカーとしての業務に専念することは経済的にも困難である。またこうした業務には社会福祉士，精神保健福祉士の福祉専門職を配置すべきであり，そうした専門性のない行政等のOBや他の専門職では難しいと思われる。スクールソーシャルワーカーは，その対応範囲がカウンセラーより相当に広く，地域社会のさまざまな人達と連携をしながら，虐待，不登校，子どもの貧困，犯罪等に対処していく。今後より実践の求められる専門職である。

3　福祉人材の浮き沈みと若者の介護職離れ

　介護保険導入前後から，社会福祉の時代と言われ，多くの人材や団体が福祉に集中した。介護の社会化が叫ばれ，「看取る介護」から「生活を支える介護へ」と言われた。しかし，状況は一変している。多くの学生が押し寄せ，急増した社会福祉系大学や専門学校は，今や定員割れの憂き目にあっている。社会福祉の国家資格を持ちながら，実際に現場の仕事につかない専門職も多くいる。逆に，本来専門職としての知識や経験をもっていなければならない福祉事務所の査察指導員やケースワーカーの多くが，社会福祉主事という専門性の低い任用資格のみで，社会福祉士等の専門的国家資格を持っていない現実がある。

　トピックとして紹介しているが，「若者の介護職離れ」の研究で，若者にインタビューを行った結果から，単に給料等の問題だけではない構図が浮かび上がっている。「夜勤のつらさ」には，夜中1名で，グループホーム入所者の命を預かる仕事，責任が20歳前後の若い介護士に重くのしかかる現実

がみえる。また高齢者福祉の領域が，やがて死にゆく人達に対する支援というターミナルケアの側面を持っていることは否定できない。一生懸命にケアをしてきた利用者がやがて死を迎える体験は，若い介護士には特につらいことだろう。しかし介護保険の理念は，自立支援であり，そこで描かれる介護のイメージは，ケアの結果として元気になっていく高齢者の姿ではないか。介護の現実との狭間で若い介護士はあえいでいる。福祉教育にもっと，これまで以上にターミナルケアの思想を取り入れていくべき点が示唆される（第3章参照）。

4 地域福祉のあり方

「住み慣れた地域で安心して暮らす」これは住民の究極の願いであり，また「地域福祉」の第一原理であるとも言える。今後ますます，重要視される「地域福祉」について，2008年3月に「地域における「新たな支え合い」を求めて——住民と行政の協働による新しい福祉」という報告書が「これからの地域福祉のあり方に関する研究会」から提出された。この中では，既存サービスの見直しとともに，住民と行政の協働を前提にした新たな支え合い活動を提案している。例えば小地域レベルでの適切な圏域の設定，コーディネータ，核となる人材等についても言及されている。

　この研究会の中で交わされた議論をみると，地域人材について，2つの考え方が示されているように思う。一つは，専門職によるコーディネート，地域を基盤においたソーシャルワーカーの配置である。（現在孤独死等の防止を目的に自治体に配置されているコミュニティソーシャルワーカーがそれにあたるだろう。また鹿児島市が2008年度から6人を配置している地域支援員などもこれにあたるだろう）もう一つの意見はこれとは対立的ともみえるが，地域の世話焼きさんとよばれる専門職ではない，いわば素人の地域住民の働きである。

　コミュニティワークの専門職は専門教育機関を通じて養成され，国家資格等をもったプロである。その人達を地域に配置して，コーディネータとして活躍してもらうというのが1つめの考え方である。2つめの考え方は，実は

地域には，孤立した人達の相談にのったり，関わったりしている近所の人達がいる。その人達を発見して，その人達にお世話をお願いするというものであり，そのための手法として重要なのが「支え合いマップ」というものである（本書第2章4を参照）。対立的に考えると専門教育を受けた専門職と，人柄だけの地域住民という形になるかもしれない。この対立点は最終報告の中で必ずしも明示されてはいないが，これらの人材を二者択一ではなく，使い分けたり，統合していくことが，必要であろう。

1970年代終わり頃から，在宅福祉についての志向性が強まり，「貨幣的ニーズから非貨幣的ニーズ」という用語で，経済的支援よりも身近な地域による具体的サービスの必要性が強調された。しかし格差社会の到来，ワーキングプアの増大等，基盤としての経済的支援や雇用の確保ということが地域生活支援においても，これまで以上に重要視されている。また先の「あり方に関する研究会」でも強調されているのが，小地域エリアでの地域福祉システムやネットワークの構築である。自治体規模では大きすぎて十分ではない，支援の網の目を，例えば学校区，あるいはもっと小さい単位レベルに落として地域福祉支援のネットワークを考えていこうとするものであり，今後このような小地域エリアを核にしながら地域福祉システムを構築しなければならない。ただしそれぞれがたこつぼ的に学校区レベルで閉鎖してしまうのではなく，重層的に展開されると同時にエリア間の横のつながりも重要であろう。

1999年に始まった平成の大合併により鹿児島の自治体は，96から43にまで減った（2010年3月予定の姶良市を入れて）が，合併自治体は，自治体としてのコミュニティ意識を十分形成していないようにみえる。旧鹿児島市民は，旧吉田町や旧喜入町等が合併してくることをどの程度意識していただろうか。川内市と薩摩郡の8町村（樋脇町，入来町，東郷町，祁答院町，里村，上甑村，下甑村，鹿島村）が合併により誕生した薩摩川内市は，現在人口10万人に近い自治体となったが，薩摩川内市民としての意識をどのように形成するかということを含め，地区住民同士の交流を通して同じ自治体の住民であるという共同性を形成していくことも必要ではないか。単に行政区が一つになっただけで住民意識は旧自治体のままかもしれない。「地域間の相互交流」といった活動はより重視されていいと思う。

5 社会的に排除された人達への支援

　2002年地元新聞は，地域福祉の特集を1年にわたって行い，鹿児島全体に，地域福祉の機運を高めさせた。しかしまたその年末の別の記事には，翌年オープン予定の「県民交流センター」のビデオコーナーがホームレスに占拠されることを危ぶむ記事が載っていた。建設中の県民交流センターから少し海岸の方にいくと，橋の下で寒い中，毛布にくるまっているホームレスもいたが，この記事では支援すべき対象としてホームレスは必ずしも扱われてはいなかった。その後，鹿児島市におけるホームレス支援は，官民挙げて，さまざまな形で進められるようになってきている（第2章5を参照）。不況の最中，誰もが生活に不安を抱える時代である。鹿児島市では地域福祉計画を策定しているが，ホームレスへの支援活動は，行政と地域住民，NPOや企業等がスクラムを組んでアクションプランを展開していくテーマでもあるともいえる。2007年の鹿児島市の調査では，市内のホームレスは44人であったが，同年支援団体の実態調査では62人のホームレスが確認されている。

　また本書では，外国人研修生に対する報告をのせた。そのなかには地域住民との関わりについて述べているところもある。外国人労働者を含め，社会的に排除される可能性のある人達の問題をもっと我々は意識化し，先に挙げた地域福祉計画等のプランの中で具体的に議論していく必要がある。また知的障害を持った方達が，周りにそれと気づかれず，また自身も自覚のないまま十分な支援がさしのべられていないという現実もある。障害者自立支援法は，3障害（身体障害，知的障害，精神障害）を明確にし，地域生活への移行支援を重視している。しかし当初から制度の不備が言われ，今や改変に次ぐ，改変が行われて，どこに着地するのかも定かでない状態である。制度は守らねばならないが，制度は変わっていく，変えられるものである。制度的支援は，社会福祉の基本であるが，制度的支援だけで社会福祉がなりたっているわけではない。

図 1-1 福祉サービスとニーズの関係

6 非制度的サービスと社会福祉

過去においては、社会福祉援助(ソーシャルワーク)は、制度としての社会福祉の楯の半面であると言われた。しかし、制度的サービスを執行するだけの役割が社会福祉援助に求められているわけではない。

制度とニーズは必ずしも合致しているわけではない。社会福祉援助者が担っているのは、単に決められた制度やサービスを利用者に提供するばかりではない。

図 1-1 のAの部分は、制度的サービスがあるにも関わらず、対象者がそのニーズに気づかない、知らないために潜在化しているケースである。これらの人々に対しては訪問サービス等を行ってニーズを顕在化したり、啓発を行っていく必要がある。また制度によっては、形骸化してしまい、現実の住民ニーズにはマッチしていないものがあるかもしれない。

図 1-1 のBは、ニーズはあるのに、制度的サービスがないために、ニーズが充足できていないような状況である。この場合は、ボランティア等の非制度的な支援によって、とりあえずは対応し、ソーシャルアクション(運動や請願陳情、裁判等)によって、最終的に制度的な仕組みの中に取り入れたり、社会ビジネスとして制度化していく方法などが考えられる。

■参考文献

自殺実態解析プロジェクトチーム『自殺実態白書』2008年。
これからの地域福祉に関するあり方研究会「地域における「新たな支え合い」を求めて──住民と行政の協働による新しい福祉」2008年。

第2章
子ども家庭福祉

1 はじめに

　子どもは，保護され育成される存在である。本来，児童福祉とは，全ての子どもが健康で明るく，人間らしく生活し発達することができるように，子どもの最善の利益を考慮し，子ども自身と社会がともに取り組んでいく活動といわれる。児童福祉法が成立して半世紀が過ぎた。少子化や高齢化が進行し，児童を取り巻く環境は大きく変化し，家庭における養育機能が低下し，地域社会における子育て支援の必要性とその対策が求められている。今後，子育てしやすい環境の整備を図るとともに，児童の健全育成と自立支援のための一層の体制づくりが進められなければならない。児童の健全育成は，国民全体の努力目標である。保護者とともに国や地方自治体が，児童育成の責任を持たなければならない。保護者だけでなく国民全てが，日々の生活の中で子どもが人間として尊重され，一人ひとりの子どもが豊かな子ども時代を過ごせるように努力していかなければならない。

2 児童福祉
――子ども家庭福祉へのあゆみ――

　児童福祉の概念は，児童の福祉，すなわち児童が幸福な状況にあることを意味している。さらに広い概念として，児童が身体的，精神的および社会的に調和のとれた発達が保障され，その福祉の増進が図られることを目標とした制度，政策，諸活動の体系を総称した概念へと展開した。わが国において「児童福祉」という用語が一般に用いられるようになったのは，昭和22年の児童福祉法制度以降のことである。それ以前は，社会事業の一領域としての児童保護事業とこれに関連する社会の活動を総括して，児童保護と称していた。戦後における新憲法の公布，児童福祉法，児童憲章の制定を転機として，それまでの児童保護から，全ての児童の健全育成を志向した児童福祉という概念が定着してきた。

(1) 今日の児童福祉
── 子ども家庭福祉への考え ──

　子ども家庭福祉とは，従来の児童福祉に比べ，子どもを発達する生活者として捉え，より子どものニーズを理解・充足し，子どもの権利を保障していこうとする考え方である。児童の福祉においては，子ども自身が自ら自己の個性に応じて，自己の発達と成長を図り，自己実現を図っていく事を何よりも大切にしなければならない。わが国においては，70年代の経済高度成長期を境に，子育て等児童に纏わる問題が複雑化し，増加する傾向にある。これに対応するため，児童の領域でも，従来の選別的な福祉サービスの提供だけでなく，個人利用傾向を踏まえた普遍的福祉サービスの提供が考えられるようになってきている。

　高橋重宏は，その著書「子ども家庭福祉論」の中で，児童福祉の考えは，子ども家庭福祉へと変革していると捉え，「窮貧的・慈恵的・恩恵的・歴史を有し，最低生活保障としての事後処理的，補完的，代替的な児童福祉の考えから，人権の尊重・自己実現・子どもの権利擁護の視点からの予防・促進・啓発・教育，問題の重度化・深刻化を防ぐ支援的・協同的プログラムの重視へと理念そのものが転換してきた」と述べている。いわゆるウェルフェアからウェルビーイングへという考え方である。そこには，福祉サービスの中で，子ども自身の意思を尊重し，子どもの育ち行く力を信じ，それを支援し，子どもの最善の利益を図るためには，より予防的で，開発的な取り組みを重視していかなければならないという考え方がある。ここで，子ども家庭福祉（児童家庭福祉）の理念に関わる関連法規を一部列記する。

① 「児童福祉」の理念（1947年）
　第1条：すべての国民は，児童が心身ともに健やかに生まれ，且つ，育成されるよう努めなければならない。
　第2条：国及び地方公共団体は，児童の保護者とともに，児童を心身ともに健やかに育成する責任を負う。
　第3条：前2条に規定するところは，児童の福祉を保障するための原理

であり，この原理は，すべての児童に関する法令の施行にあたって，常に尊重されなければならない。

② 「児童憲章」の前文（1951年5月5日制定）
われらは，日本国憲法の精神に従い，児童に関する正しい観念を確立し，すべての児童の幸福をはかるためにこの憲章を定める。
- 児童は，人として尊ばれる。
- 児童は，社会の一員として重んぜられる。
- 児童は，よい環境の中で育てられる。

③ 「児童の権利に関するジュネーブ宣言」の前文（1924年に国際連盟で採択）
すべての国の男女は，人類の児童に対して，最善のものを与える義務を負う。

④ 「児童の権利に関する宣言」の前文（1948年世界人権宣言を受けて1959年国際連合で採択）
児童が幸福な生活を送り，かつ自己と社会の権利のために，宣言に掲げる権利と自由を享有することができる様にするためにこれを交付する。

⑤ 「児童に権利に関する条約」の前文（1989年に国際連合で採択）
「（前略）児童が，その人格の完全なる調和のとれた発達のため，家庭環境の下で，幸福，愛情及び理解のある雰囲気の中で成長すべきである事を認め，児童が社会において，個人として生活するため十分な準備が整えられるべきであり，かつ，国際連合憲章において，宣明された理想の精神，並びに平和，尊厳，寛容，自由，平等及び連帯の精神に従って育てられるべきであることを考慮し（後略）」とあり，子どもの定義や，差別の禁止，子どもの最善の利益の第一義的な考慮，締結国の実施義務，親の指導の尊重が掲げられている。

児童福祉法が成立して約半世紀が過ぎ，児童を取り巻く環境が大きく変わ

り，少子化の進行や家庭における子育て支援等，その対策が急務になっている中で，子ども家庭福祉の考え方は，子育てをしやすい環境の整備を図るとともに児童の健全育成と自立支援のための制度の構築を図ることを目指す。今後とも，保育所入所仕組みの見直しや，児童自立支援施策や母子家庭施策等の充実が図られなければならない。

（2）　子ども家庭福祉（児童福祉）領域

　子ども家庭福祉の諸活動は，具体的には，関係する関係行政機関の活動と相まって，児童福祉施設等で実施されている。児童福祉施設等は，児童等に適切な環境を提供し，養育・保護・訓練及び育成等を中心にして児童の福祉を図る施設である。児童福祉施設は，行政機関による入所措置やサービスの実施決定を必要とする施設と，児童や保護者の自由意思により利用できる施設に分けられ，さらに入所型と通所型に分類されている。

①　児童養護施設

　1997年の児童福祉法改正で，虚弱児施設を統合する。「児童養護施設は，乳児を除いて，保護者のない児童，虐待されている児童，その他環境上養護を要する児童を入所させて，これを養護し，あわせてその自立を支援することを目的とする施設」と規定されており，都道府県の入所措置により入所する児童福祉施設である。入所できる年齢は，満1歳から満18歳までを基本としているが，例外規定として満20歳までを引き続き在所させることができる。これからの役割で，トワイライトステイをはじめとする通所事業の実施など地域住民の子育て支援機能も期待されている。

②　児童自立支援施設

　不良行為をなし，またはなす恐れのある児童，環境上の理由により生活指導等を要する児童を入所または通所させて，必要な指導を行い，自立の支援を目的とする児童福祉施設。主に非行問題に対応するが，子どもの抱える現実の困難は児童養護施設と多く重なる。児童相談所による措置，あるいは少年法上の家庭裁判所による保護処分で入所，通所する。1997年の児童福

コラム1　児童虐待

言葉の意味するもの

　漢和辞典によると「虐」とは虎が人を爪で引っ掻くということを意味している。従って虐待とは虎の爪で引っ掻くような扱い，待遇をするということになる。虎が人を爪で引っ掻けば，おそらくその人は死亡するか，重傷を負うことになる。すなはち，力の圧倒的に強いものが弱いものを傷つける一方的な行為が虐待である。

　現在私たちが使用している虐待は英語のabuse（アビューズ）を翻訳した言葉でもある。
abuseはabが不適切なという意味，useは使うという意味であり，日本語の持つ虐待のニュアンスからするとかなり幅広い解釈と言える。似た用語でmaltreatmentという言葉も使用されるがこれもmalは間違ったという意味，treatmentは扱いを意味するので類似した内容を指しているといえる。それでは子ども虐待とはどういうことを意味するのか。先の用例で言えばchild abuseは「子どもに対する不適切な取り扱い」とか，「子どもに対する力の乱用」ということになる。

　子ども虐待は一般的には児童虐待という言葉で流通しているが，2004年に改正された「児童虐待の防止等に関する法律」では，新たにDVが虐待の定義（心理的虐待）に組み込まれ，身体的虐待，心理的虐待，ネグレクト，性的虐待と定義化されている。しかしこれは法的に定義された内容であり，厳密な意味での共通認識が存在しているとはいえない。厚労省の通知は虐待の具体的事象を列挙しているが，「躾と虐待の境界線は何か」とか，「体罰は虐待か否か」などの質問が多く出るのはこのためである。「子ども虐待対応の手引き」によれば，身体的外傷など目に見える事実からだけではなく，また親の側の意識からではなく，子ども自身の意識から判断すべきだという視点が強調されている。

鹿児島県での児童虐待は全国と比較してどうだろうか

　鹿児島県内での児童虐待認定件数は全国数値と比較して極めて少ないといえる。それは実際に虐待が少ないのか，虐待と認定する水準が厳しいから少ないのか（少々のことでは虐待と認知しない），あるいは関係機関の体制不足で見逃しているから少ないのか，簡単に判断はできない。ちなみに2008年度の全国児童相談所虐待処理件数（速報値）は4万2662件，鹿

児島県では135件である。都道府県別児童人口比率で換算すると鹿児島県における児童虐待の発生率は全国平均の1/4以下（23％弱）ということになる。数値からのみで画一的に判断することは困難であるが，鹿児島の地域的特性として判断するより，児童虐待の発見に関する体制の不備があるものと推定すべきであろう。なお，児童相談所によって重篤な虐待と判断された場合は親子分離をし，県内にある乳児院（3箇所），児童養護施設（14箇所），児童自立支援施設（1箇所），情緒障害児短期治療施設（1箇所）への措置，あるいは専門里親に委託される。

　児童虐待は人間の尊厳を踏みにじる行為である。しかし今なお社会的レベルでは「子どもの権利」に対して，誤解やアレルギーが根強く残っている。その一方，虐待件数の増加は子どもの人権に対する意識が社会的に認知されてきた成果であると積極的に考えてよい側面もある。歴史上たどってきた子どもの悲惨な過去に目をやれば，現代の子どもがおかれた状況は格段に改善されてきたといえる。したがって子ども虐待への関心とその被害を食い止めようとする動きを更に加速させ，子どもや，女性，高齢者や障害をもっている人，病いにある人など権利を侵害されやすい人々の尊厳を守り，権利を獲得していくことが今後とも問われ続けていく課題であるといえる。

■参考文献

西沢悟『子どものトラウマ』〈講談社現代新書〉講談社，1997年。
日本子ども家庭総合研究所『子ども虐待対応の手引き』有斐閣，2000年。
福祉21かごしま『現代社会福祉』ナカニシヤ出版，2005年。

祉法改正で教護院から名称変更。生活指導等を要する児童への対象の拡大，通所形態の付加，目的としての自立支援の明示，児童を就労させる学校教育法上の義務を施設長に課す等の変更が行われた。各都道府県に設置の義務がある。

③　情緒障害児短期治療施設

　児童福祉法で「情緒障害児短期治療施設は，軽度の情緒障害を有する児童を，短期間入所させ，または保護者の下から通わせて，その情緒障害をなお

すことを目的とする施設」と規定されている。入所児童の特徴は，不安定な心理状態が続いている児童であり，具体的には，不登校，問題行動，神経症などがあげられる。従来は短期間で治療を行うことが法の趣旨であったが，第50次児童福祉法の改正で概ね12歳未満の年齢制限を削除し，在所期間の延長が認められることになった。

④　保育所（園）

　保護者の労働または疾病等により，家庭に置いて保育が困難な場合，その乳幼児を対象に一定の時間，家庭から通園させて必要な保育を行う施設で，児童福祉法に規定された児童福祉施設である。市町村に保育実施義務がある。保育所の種類は，設置主体別に地方自治体が設置運営する公立保育園と社会福祉法人が行政の認可を受けて設置運営する私立保育園があり，それ以外は認可外保育施設である。認可の基準は児童福祉施設最低基準による。児童福祉法は第24条で，保育所の役割と目的を「市町村は，保護者の労働又は疾病その他の政令で定める基準に従い条例で定める事由により，その監護すべき乳児，幼児又は第39条第2項に規定する児童の保育に欠けるところがある場合において，保護者から申込みがあったときは，それらの児童を保育者において保育しなければならない。ただし，付近に保育所がない等止むを得ない事由があるときは，その他の適切な保護をしなければならない」とし，市町村の児童に対する保育の実施責任を規定している。

　保育所は保護者が労働に従事し，疾病にかかっているなどのため家庭において十分保育することができない児童を，家庭の保護者に代わって家庭と同様の保育を目的としている施設である。したがって，子どもの日々の生活支援をしながら，保護者に代わって健やかな成長と発達を目指している。この児童福祉法の精神を受けて，「保育所保育指針」では，「保育は，乳幼児が生涯にわたる人間形成の基礎を培う極めて重要な時期に，その生活の大半を過ごすところである。保育所における保育の基本は，家庭や地域社会と連携を密にして家庭保育の補完を行い，子どもが健康，安全で情緒の安定した生活ができる環境を用意し自己を十分に発揮しながら活動できるようにすること

により，健康な心身の発達を図るところにある。そのために，養護と教育が一体となって，豊かな人間性を持った子どもを育成するところに保育所保育の特性がある」としている。

保育所は，幼稚園の教育的機能に加えて，子どもを守り育てるという養護の機能を持ったものである。保育所保育は，子どもの日々に生活に深くかかわりながらそれを支援し，全人格的発達を目指すのである。そのことは保育所だけで果たせるものでなく，「地域社会と連携を密にし」とあるように，地域社会全体で子どもは育成されるべきものである。保育所は地域社会の子育てコーディネーターの役割を果たし，保育業務の中核センターでなければならない。「保育所保育指針」の特性をふまえて，具体的に，保育の原理，保育の方法，保育の環境，保育のねらいおよび内容，保育の計画，子どもの発達，健康・安全に関する留意事項等の保育実践の基本的事項を示している。

○へき地保育所

へき地保育所は，交通条件や経済的，文化的に恵まれない山間地，開拓地，離島等のへき地で，児童福祉法に規定する保育所を設置することが困難であり，児童数等地域の実情から見て保育所を設置することが必ずしも効率的でない地域において，要保育児童に対して必要な保護を行い，その福祉の増進を図る措置として，昭和36年から制度化されたものである。へき地保育所は，常設施設として児童の保護を行うもので，市町村が設置主体となって運営し，都道府県知事が一定の基準に適合するものと認めた者でなければならない。へき地保育所の施設および運営については，児童福祉施設最低基準の精神を尊重して行うもので，保育士は常時2人，保育時間・内容等は地域の実情に応じて決定することができる。

⑤ 児 童 館

児童館には，小型児童館，児童センター，大型児童館（A型，B型，C型）の種類がある。一定の広さの集会室，遊戯室，図書室，事務室，医務室等の設備の他，広場が設置されている場合もある。校区地域の幼児，学童を

主な利用対象としている場合が多いが，県立などで宿泊研修室，資料展示室，劇場，ギャラリー，児童遊園などを備え，広域，全県全市の子どもを対象とした大規模な児童館もある。わが国における児童館的な活動は，古くは隣保事業（settlement work）の児童クラブにその原型をみることができる。

3　子ども家庭福祉の現状と課題

(1)　子ども家庭福祉の現状

　児童の福祉問題に対する福祉施策は，福祉関係八法が改正され，施設福祉サービスと在宅福祉サービスが，きめ細かく一元的で計画的に提供されるという体制づくりの観点から，在宅サービスの法的な位置付けの明確化が図られるようになってきている。児童福祉法の改正にともない，保育における利用選択方式や，児童相談体制の強化等が図られてきた。

　児童福祉法の改正にあたっては，児童入所（ショートステイ）に係る事務が都道府県から市町村に委譲されるとともに，児童居宅支援（児童居宅介護，児童デイサービス，児童短期入所）が措置制度から支援費支給方式に切り替えられた。「児童福祉法改正」の趣旨は，児童委員の職務の明確化，主任児童委員の法制化，認可外児童福祉施設等の監督強化，保育士資格の法制化，保育の実施に係る供給の拡大である。

　児童福祉分野の仕事に関わる人々は児童福祉従事者と言われている。児童福祉の分野は広範なものであるため，それに従事する職員・職種は多岐にわたり，行政事務，相談援助，直接処遇，専門技術，間接業務，管理業務等の担当職員に大別されている。すべての職員が児童福祉の専門職というわけではないが，それぞれが自己の職責を十分に果たし，連携・協力を図る事によって，児童福祉の目的が達成される事が期待されている。

　一般的に児童福祉の専門職といっても，①児童精神科医や児童心理学専攻者等の子どもに関する専門家が福祉分野の仕事をしている場合と，②社会福祉士や社会福祉主事等福祉に関する専門家が児童問題に関わっている場合と，③児童福祉関係職員の養成機関出身の児童の遊びを指導するもの・保育士等

児童福祉の専門家が本来の仕事をしている場合がある。いずれも一定の専門性に基づいて，子どもの福祉に関わる児童福祉の専門職者と呼ばれている。専門行政機関における専門職種は以下のようである。

児童福祉の国の行政機関は厚生労働省児童家庭局である。都道府県・市町村においても地方自治法によって，国の行政組織と対応するように各部局が定められている。児童福祉に関する事項を調査・審議する諮問機関として，中央児童福祉審議会があり，地方レベルでは都道府県・指定都市にそれぞれ審議会が設けられている。

① 児童相談所

1948年，児童福祉法の施行時に発足した，児童福祉の第一線機関である。児童福祉の中枢的な機関であり，都道府県・指定都市には設置義務がある。2006年からは中核都市にも設置できる。専門職員として，児童福祉司，心理判定員，医師，その他の専門家がいて，以下の業務を行っている。ⅰ）児童に関する様々な問題について，家庭その他からの相談に応じること。（主な相談内容は，心身障害児相談，育成相談，養護相談，非行相談等である。）ⅱ）児童及びその家庭について，必要な調査や医学的・心理的・教育学的・社会学的及び精神保健上の判定を行うこと。ⅲ）児童及びその保護者についての調査または判定に基づいて必要な指導を行うこと。ⅳ）必要に応じて児童の一時保護を行うこと。近年，児童虐待等の相談件数が増加しつつある中で，増設や職員増員，専門性の向上や関係機関との連携の強化等が求められている。

② 福祉事務所

社会福祉行政を総合的に扱う専門機関であり，生活保護法，児童福祉法，身体者福祉法，知的障害者福祉法，老人福祉法，母子及び寡婦福祉法に定める援護，育成または更生に関する業務を行う第一線の現業機関である。児童福祉に規定される業務としては，児童及び妊産婦の福祉に関して，必要な実状の把握に努め，相談・調査を行うとともに，個別的・集団的に必要な指導とそれらに付随する業務を行う。福祉援護の必要な児童に関しては，1）判定

や施設入所等を必要とする児童について児童相談所への送致，2)助産施設・母子生活支援施設または保育所への入所措置を行う。

③　保健所（市町村保健センター）

　地域住民の疾病予防と健康増進，生活環境の安全・快適性の保持の業務を担う行政機関である。地域保健法に基づき，都道府県，地方自治法に規定する政令指定都市・中核市，政令で定める市・特別区が設置する。保健所における児童福祉に関する主な業務は，身体障害児に対する診査・相談・養育指導，慢性疾患児の保健指導，育成医療の給付，療育給付に係わる業務等の他，児童福祉施設に対する栄養改善，その他衛生に関して必要な助言を行うこと等である。女性の社会進出，保育需要の高まり，企業の保育サービスへの参入などがあり，統合規制改革会議等様々な場所で，保育に係わる規制緩和が論議され，厚生労働省としても，保育の質に配慮しつつ，保育供給増に資する規制緩和等を実施しようとしている。なお，市町村保健センターは，保健所と役割分担をしながら，住民に身近な市町村で健康診査や保健指導等の基本的な対人保健サービスを行い，住民にやさしい地域づくりの中心的な役割を果たしている。

(2)　子ども家庭福祉の課題

　少子化対策の事業として登場した子育て支援等の次世代推進対策事業は，具体的数値目標を目安に掲げ，エンゼルプラン等の努力目標ではなく，なかば義務化されたものとして事業活動に夢をはぐくむものであったが，今日の児童福祉事業の運営費の一般財源化の流れの中で，各地方自治体の独自的な取り組みにならざるをえない状況にある。具体的な保育業務を見ても，新規の取り組みが増えるというより，各保育園での従来の種別保育事業の活動内容を拡大拡張させている状況にある。児童福祉法の理念にいうように「児童の心身のすこやかで健全な成長と発達は国で支える」というのが基本方針である。日本のすべての子どもに豊かな生きがいある環境を保証していけるかどうかがまさに問われている。今日の少子化・高齢化の中では，子ども家庭福祉の充実を図るために，保護者だけでなく，保育所や行政，地域が一体に

なった子育て支援の取り組みが求められる。

　平成20年3月には，保育所保育指針が改訂され，保育所が地域における子育て支援の機能をもち，地域の子育て支援拠点としての役目と一時保育という役目を果たさなければならない時代にあることが示されている。保育士のとして，ソーシャルワークの原理を踏まえた保護者支援の役割があることが示されている。子育て支援は様々な場面を捉えて行われている。保育所は子育てに関して必要な様々な専門職が配置されている。地域における子育て支援を有効に進めるためには，地域住民にとっても，安心して生活できる環境の確保が第一である。保育所は，地域のニーズを把握し，地域にある各種の社会資源や専門諸機関との連携を図りながら，より良い地域の発展に貢献していかなければならない。その役割と期待は大きいといわざるを得ない。

① 保育所と幼稚園

　保育所と幼稚園については，働くために子どもを預ける場が必要というニーズ，早くから一定以上の教育を受けさせたいというニーズが出発点となって2つの制度がある。保育所と幼稚園は，それぞれが整備充実を図る中で，施設の共有化や資格の相互取得の促進等，地域の実情に応じた弾力的な設置・運営が可能となるよう連携しており，制度の一元化ではなく，地域において全ての児童の健全育成を図る観点から，両者の連携を図る方向で施策を進めるべきであると考えている。これまでにも「保育所保育指針」と「幼稚園教育要領」の一体化が図られてきた。更に構造改革特別区に関する地方公共団体からの提案を受け，保育所と幼稚園の一層の連携を図る観点から，構造改革特別区において，一定の条件の下に保育所児童と幼稚園児童を一緒に保育すること等を認めている。

② 保育総合施設（認定子ども園）

　保育総合施設は，2003年6月，幼保一元化問題と一般財源化問題の中から急浮上したものであり，平成15年6月閣議決定「経済財政運営と構造改革に関する基本方針2003」において検討されることとされた「就学前の教育・保育を一体としてとらえた一貫した総合施設」については，児童の視点

に立つとともに，待機児童解消を始め，地域の子育てニーズに応える観点から検討が進められ，2004年「規制改革・民間開放推進10カ年計画」で，2005年からモデル事業が実施され，2006年からの本格実施が閣議決定された。2005年全国で35箇所の幼稚園と保育所が一体になった「総合施設モデル事業」が実施され，その評価をもとに，2006年6月名称を「認定子ども園」とする「就学前の子どもに関する教育，保育等の総合的な提供の推進に関する法律」が成立した。

「認定子ども園」は，就学前の子どもを対象に保育に欠ける子どもも欠けない子どもも受けいれ，「教育と保育を一体的に提供する」。地域において全ての子育て家庭を対象に子育ての相談や親子の集いの場等を提供する等「子育て支援を行う」とする二つの機能を備えた施設としている。この「認定子ども園」の利点は，保護者にとって仕事をやめたり，再就職したり，途中で離婚した場合でも同じ施設で子どもの教育，保育が得られること，児童にとっても馴染み親しくなった集団を変わることなく継続して通園できることと指摘されている。「認定子ども園」は，原則として都道府県知事が認定して行うことになっている。ただし，都道府県によっては教育委員会が認定権者になっているところもあり，指定都市，中核都市では，保育所の認可・指導は当該市でできるものの，幼稚園はできないため，都道府県知事があらかじめ認可・指導監督の権限を有する地方公共団体の機関に協議しなければならないとされている。

「認定子ども園」がどのような広がりを見せるかはわからない。保育所は，これまで「子ども家庭福祉」の考え方の下で「養護と教育が一体となったもの」として保育の質を高めてきたが，近年「親の就労保障のための託児施設」としての社会的要請に効率的に応えようとする規制改革の流れの中におかれている。こうした状況から道を拓くためには，福祉と教育という，これまで分立してきた二つの分野が，近い将来の統合も視野に入れて共に「次世代育成支援」にあたるという考え方を思い切って打ち出すべき時に来ているのかもしれない。

コラム2　スクールソーシャルワーク

　2008年に文部科学省が実施する「スクールソーシャルワーカー（以下 SSWr）活用事業」が全国的にスタートして，鹿児島県内でも徐々に各市町で SSWr が配置されるようになった。私は，このスクールソーシャルワーク（以下 SSW）導入に伴い，SSWr として勤務する機会を得ることができた。教育現場の経験もなくもちろん SSWr の経験もなかったため，すべてが手探りで不安もあったが，SSW の実践活動ができる喜びを感じていた。

　実践活動については，不登校児童についての依頼要請が主であったが，情報収集を行っていく過程で明らかとなってくるのは，家庭環境の問題が複雑に絡み合っているという実態であった。保護者の経済的困窮や病気，不仲・別居・離婚，そして暴言や暴力などもあり，特に保護者の養育能力の低さからくるネグレクトが疑われるケースもみられた。子どもの世話をせず，家の中もゴミだらけで不衛生な環境で過ごしている家庭が多く見受けられたのも印象的であった。こういった状況は，子どもだけではどうにもならない環境であり，学校のみの対応だけでも難しいケースであることは明らかである。これまでこういったケースも教員がひとりで抱え込んでいたり，関係機関も問題の状況は把握しているが他の関係機関と連係はとっていなかったりという状況などがあった。

　SSW の具体的な活動としては，a）児童やその家庭についての情報収集・情報整理，b）学校訪問や家庭訪問，c）課題整理と目標設定，d）対象施策やサービスの検討・紹介，e）対象関係機関へのつなぎ，f）ケース会議の企画・実施，g）医療・保健・福祉の連係，h）校内体制づくり・教職員サポートなどである。そのなかでも，SSWr の最も重要な視点と役割は「学校」「家庭」「地域」をつなぐことである。これまでの個人の「抱え込み」を解消していくためにも，学校や関係機関を含めたチームで取り組んでいくという「チーム対応」が求められており，そのチームの一員が SSWr なのである。問題を抱えた児童の家庭環境や地域環境などの視点を含めて児童を多面的に捉えることで，ニーズをより的確に把握でき，学校や関係機関の共通理解と役割分担の明確化，チームの協働により児童をとりまく環境改善を図ることができるのではないだろうか。「児童がこんなことをして困る」ではなく「児童のその行動の背景や心理には何があるのだろう」というような意識を変えていく作業が可能となっていくので

はないか。このような側面からも SSWr は，児童に対する複合的な視点を共有するきっかけづくりの役割を担っているのである。

そして，SSW 実践の今後の課題としては，「地域づくり」の視点も重要であり，鹿児島の地域力をより活かしていく必要があると思う。現在，地域の関係性が希薄になっているとも言われているが，実践活動を通して地域には子どもたちの力になりたいと協力的な住民が多いことを実感した。実際に関わった事例をあげると，不登校児童の家がゴミ屋敷のような状態になっており地域との交流もなかったが，生活保護受給をきっかけに家の大掃除をすることを提案したところ，関係機関や地域の主任児童委員や民生委員，大家さんや近隣住民の方が快く協力してくださった。その大掃除をきっかけに児童とその保護者は学校や地域の方々の声かけに笑顔で応えてくれるようになったのである。また，別の事例においても地域の方が学校と連携して不登校傾向児童の登校に付き添うなどの登校支援ボランティアを行ったりしている。地域力を活用していくことが子どもの利益となることを再認識でき，また新たな社会資源の発掘の手がかりにもなるのではないかと期待している。

4　児童の健全育成

児童健全育成とは，児童憲章，児童福祉法を基本として保健，教育も含めた児童の健やかな成長を図る活動およびその理念の総称ということができる。ただし，一般的には，不特定多数の児童の健全な活動（遊び）の保障とそれとの対応における青少年の非行化防止が児童健全育成活動として認識されている。児童遊園，児童館の整備，あるいは子ども会の組織化および活動援助，よい文化財の提供などが主たる活動になっている。児童が健全に育成されるためには，家庭が健全であることはもとより，地域において，児童の育成環境の整備，および地域の人びとの連帯意識の醸成が何より必要である。

児童をめぐる社会情勢の変化を踏まえ，児童家庭施策を展開していく際の基本的な視点として，①児童養育に関する家庭と社会の共同責任「保護的福祉」から「支援的福祉」，「児童福祉」から「児童家庭福祉」への施策の拡充，

②男女共同型子育ての推進「血縁・地縁型子育てネットワーク」から「社会的子育てネットワーク」へ，③多様な価値観と多様なライフスタイルを前提とした支援策の展開「与えられる（与える）福祉」から「選ぶ（選ばれる）福祉」へ，④地域を基盤とした施策の総合的・計画的進展「点の施策」から「面の施策」へ，⑤児童の権利保障「受動的権利」から「能動的権利」へ等政策が示されている。これらは，種々の社会情勢の変化に伴う家庭養育機能の低下が，児童の健全育成に多様に影響していることを如実に示している。

児童を取り巻く環境が大きく様変わりしている現在，それぞれの地域において，児童の生活にまつわる諸問題に，子育て・家庭支援という立場を忘れず，さまざまな施策を実施していくことはきわめて重要である。

（1） 地域における児童の健全育成

「国民の福祉の動向」によると，総人口に占める年少人口動向は減少傾向にあり，今後人口の高齢化や寿命の伸長等とともにその傾向が続くと予測されている。また若者による高齢者扶養負担の増加の問題が派生してくることが予測され，児童数の変遷に重大な関心をもたねばならない時期に到達している。児童数の減少により，子ども同士の接触機会が希薄化し，子どもの成長にとって，また子どもの人格の形成にとって，少なからざる影響を与えるのではないかということが議論されている。地域に自然の遊び場がなくなってきていること自体も，子どもの遊び時間の変化や，時間の過ごし方の変化と結び付けて検討されねばならない。子どもの成長の基盤である，家庭の形態や役割が変化し，弱体化してきている。女性の社会進出が増え，婦人の就労状況が以前とは変革し，有配偶者の婦人の就業者の数および割合が増加の傾向にある。核家族化・小家族化の問題にしても，平均世帯人員そのものが減少している。

児童数の減少とあわせて，家族が全体としてもつ人間関係の包括力自体が以前と比較にならないぐらいに低下してきている。両親の離婚が原因で，ひとり親家庭が増え，家庭基盤が脆弱化し，児童にとっての人格形成の上でのモデルが不在になるなど，子どもにとって好ましくない影響が出てきている。若い層を中心にして，個人生活重視の傾向が見られ，子ども観，子育て観，

家庭観も変化している。若い世代が，子育ての伝承を的確に受ける機会がないといったケースも増えてきている。地域に見られるこれら児童の環境の変化や動向は，地域のおける児童問題をいっそう多様化させている。児童が心身ともに健全に育成されるために，地域において，具体的にさまざまな対策を立てて，その意義と方法を常にあらためて整理していく必要がある。

　児童が心身ともに健全に育成されるためには，児童の生活の場である家庭が健全であることはもとより，児童の人間関係の場である地域において，遊び場の確保等の児童の育成環境の整備，および地域の人びとの連帯意識の醸成等が必要である。1994年に，文部・厚生・労働・建設の4大臣合意によって策定された「今後の子育て支援のための施策の基本的な方向について」（いわゆる「エンゼルプラン」）をみると，少子化への対応の必要性や少子化の原因・背景と並び，子育て支援のための施策の主旨および基本的視点が掲げられ，子育て支援のための基本的方向が示されている。重点施策として，ゆとりある教育の実現とともに児童の健全育成の推進が提唱されている。

　厚生労働省が提唱する，地域子育て支援センター事業を見ると，子育て家庭の支援活動の企画，調整，実施を担当する職員を配置し，子育て家庭等に対する育児不安等についての相談指導，及び子育てサークル等への支援ならびに地域の保育ニーズに応じ，地域の各保育所等の間で連携を図り，特別保育事業を積極的に実施するなど，地域全体で子育てを支援する基盤を形成することにより育児支援を図ることを目的としている。

　実際，最近の児童を取り巻く社会環境には，先に述べた人口の都市集中にともなう過密・過疎，公害，住宅，交通事故等さまざまな問題が生じてきており，また核家族化および婦人労働の増加等によって，家族生活においても種々複雑な問題が生じている。児童の健全育成は，高齢化社会・国際化社会・情報化社会にむけて，今後その重要性がさらに認識されていかなければならない。

(2) 児童の健全育成施策

　児童の健全育成の具体的な対策の推進としては，子どもを健やかに育てるための環境づくり（児童館・児童センター等の整備の促進），就労家庭子育

て支援モデル事業の拡充，放課後児童対策事業（児童クラブ）の拡充，子どもにやさしい街づくり事業の拡大，ひきこもり・不登校児童福祉対策モデル事業の充実等が掲げられている。家庭と地域の面から児童の健全育成の観点からみた施策を見てみる。

① 家庭児童相談室

　家庭児童相談室は，家庭における適正な児童養育，その他家庭児童福祉の向上を図り，児童の健全育成を図るため，福祉事務所の家庭児童福祉に関する相談指導業務を充実強化するために，1964年から全国の福祉事務所に設けられたものである。家庭児童相談所には，家庭児童福祉の業務に従事する社会福祉主事と家庭相談員，その他必要に応じて事務職員が置かれ，家庭における児童の育成の技術に関する事項，その他家庭児童の福祉に関する事項について，訪問や相談指導を行っている。相談内容の主なものは，児童の養育にかける問題，養育についての経済的問題，不良な地域環境等の環境福祉に関する相談，児童の知的能力，言語能力の開発に関する相談，保育所，幼稚園，学校等児童の集団生活における生活行動上の問題に関する相談等である。

② 子ども家庭相談事業

　地域の児童の遊びの拠点である児童館（児童福祉センター）に相談の窓口を設け，家庭養育機能の支援を図り，児童の健全育成の推進に資するために行われている事業である。具体的指導に当たっては，関係の相談機関と緊密な連携を図りながら，有効に相談活動を進めていくことがとりわけ重要である。

③ 家庭児童対策指導者

　家庭児童の健全な育成を図るために重要である，地域住民の積極的参加による地域活動（子ども会などの児童の集団活動，母親クラブ，親の会などの親による児童の育成活動）を支える指導者のことである。子ども会：小地域すべての児童が健全に育成されることを目標とする。近隣の児童の遊びの集

団が組織化されたもの。その活動は，児童の生活に即して遊びが主体になっており，その他，社会奉仕，文化，レクリエーション等各種の活動が展開されている。母親クラブ，親の会：近隣の母親たちが集団として活動するもの。相互の話し合いや研修によって児童養育についての知識や技術を高め，これを家庭や地域社会で実践し，児童の健全な育成を図ろうとするものである。特に，母親による地域活動への参加は，地域における母親の互助，連帯を強め，地域全体で児童を育成する体制を確立するうえでもっとも効果的である。

④ 児童の事故防止

児童の不慮の事故等による死亡は，いまやわが国の大きな社会問題であり，子どもをもつ家庭の最大の脅威となっている。児童の事故防止については，家庭環境，地域環境の整備とともに保護者に対する意識の啓発，児童に対しての安全教育の徹底，地域住民の連帯による防止・監視体制の強化が必要である。

（3） 児童の健全育成の現状と課題

子ども家庭福祉とは，児童のそれぞれのうちに潜在している能力，可能性を十分に発揮させ，健全に育成し，すべての児童にとって，より好ましい生活展開ができるような環境を創り出す社会の努力過程であるということもできる。厚生労働省は，家庭が孤立化し，機能低下をきたしている状況に対し，各種の支援施策をとることによって，家庭の機能を高め，それによって最終的な目標である，「子どもにとって豊かな成長の確保」と「大人にとっての家庭生活の豊かさ」を図ろうとしている。児童の健全育成のために，保育所機能を充実し，地域連帯の中で家庭を支援し，家庭の機能を高め，家庭生活の充実を図り，幸福感の充足を図ろうとしている。

「エンゼルプラン」の子育て支援の基本的な視点も，①安心して出産育児のできる環境整備，②子育て支援社会の構築，③子どもの利益の最大限尊重への配慮であるし，その基本的方向も，①子育てと仕事の両立支援の推進であり，②家庭における子育て支援であり，③子育てのための住宅および生活環境の整備である。「エンゼルプラン」の目的は本来，社会全体の子育てに

対する気運を醸成することにあるともいわれている。ゆとりある教育の実現とともに健全育成を図るためには，家庭に視点を当てた調査研究等を実施し，家庭福祉の向上を図るとともに，子どもの環境を栄養豊かにする，各種のふれあい事業等を創設するなど，家庭児童施策の一層の充実が図られなければならない。さまざまな施策とあわせ，国は児童の健全育成対策の推進として，今後とも，活動拠点としての児童館・児童センターの整備や放課後児童対策事業（児童クラブ），子どもにやさしい街づくり事業の拡充を図っていかなければならない。

児童を取り巻く環境は，今後も大きく変化していく。例えば家庭養育の機能等，児童健全育成上の要因が従来以上に脆弱化していくことはどうしても防がなければならない。児童の福祉は，繰り返しになるが，児童の健全なる成長・発達である。児童の健全育成として，①心身ともに健康であること，②豊かな知識，優れた知能，豊かな情操，③たくましい自主，自立・自律の精神，④社会生活における他者との協力，全体の福祉を高める協調性，⑤積極的に新しい価値を作り出す独創性・創造力，⑥困難に打ち勝つ気概，⑦正邪善悪を判別し，邪悪と妥協しない道徳的資質等を活動のなかに踏まえることが大切である。今こそ積極的な福祉増進のための新たな諸施策の展開のため，すべての児童の健やかな育成を願う理念に立ち返り，児童福祉の原点を見つめ直す必要がある。児童の健全育成に関して現状を整理し，今後の課題を掲げると，以下のようになる。

児童の福祉は，児童のよりよい生活を実現するとともに，時代を担い家庭を担っていく児童に対する社会全体の期待に応えるよう，児童を心身ともに健全に育成することを目的としている。しかしながら，児童を取り巻く生活環境は最近きわめて劣悪化している。児童が心身ともに健全に育成されるためには，児童の生活の場である家庭が健全であることはもとより，児童の人間関係の場である地域において，遊び場の確保などの児童環境の整備および地域の人びとの連帯意識の醸成などが必要である。健全育成が図られるためには，単に行政のみでなく，広く国民階層，地域社会など挙げて，国全体が，それぞれの役割を担って相互に連携して取り組んでいかねばならない。

児童の健全育成の課題は，第1に，子どもが健やかに生まれ育つための，

あらゆる環境の整備推進のみならず，各種各様の人々とのふれあいを通しての精神的豊かさを備える人間の育成が望まれること。第2に，幼少だけでなく，年中や思春期児童への対応を含めた，健全育成施策の対象の拡大が図られるべきであること。第3に，健全育成事業の主体は，国・地方・企業・地域・家庭等がその特長を活かしながら連携して参画するための施策が必要であること。第4に，健全育成の方法として，時代の児童の感性に合致し，情操を高める多様な遊びの活動を積極的に援助する必要がある。

5　次世代育成支援（子育て支援）

(1)　次世代育成支援の取り組み

政府は2007年2月，少子化社会対策会議の下に関係閣僚と有識者で構成される「子どもの家族を応援する日本」重点戦略会議を発足させた。同検討会議は，2030（平成42）年以降の若年人口の大幅な減少を視野に入れ，制度・政策・意識改革など，あらゆる観点からの効果的な対策の再構築・実行を図るべく検討を進め，同年12月，「子どもと家族を応援する日本」重点戦略を取りまとめ，同月，少子化対策会議において決定された。重点戦略では，就労と出産・子育ての二者択一構造の解消が必要であり，そのためには，「働き方の見直しによる仕事と生活の調和の実現」と，「就労と子育ての両立，家庭における子育てを包括的に支援する枠組みの構築」の二つの取り組みを車の両輪として同時並行的に進めることが必要不可欠とされている。

①　地域生活支援サービス（次世代育成支援対策として）の取り組み

1995年のエンゼルプラン，2000年の新エンゼルプラン，2003年の少子化対策基本法を踏まえ，2004年には，少子化社会対策大綱に基づく重点施策の具体的実施計画についてとして，以下のような，子ども・子育て応援プランの施策が策定された。

②　子ども家庭支援センター

地域における子ども家庭支援システムの中核として，関係機関と連携しな

がら，子ども家庭支援ネットワークを構築する役割を有しており，地域の中において家庭における子育てと子どもの健全な育成を支援することを目的として，子育てに関する総合的相談及び情報の提供，さらに子育ての仲間づくりなど，子ども観する地域に密着した相談支援期間としての役割を持っている。

(2) 子育て支援概要

2003（平成 15）年 3 月 14 日に，少子化対策推進関連閣僚会議において次世代育成支援に関する当面の方針が決定された。その目的と基本的な考え方は，夫婦の出生率の低下という新たな現象と急速な少子化の進行を踏まえ，少子化の流れを変えるため，従来の取り組みに加え，もう一段の対策を推進することが必要であるとの認識である。このため，政府として，「次世代育成支援に関する当面の取り組みの方針」を策定。政府・地方公共団体・企業等が一体となって，国の基本政策として次世代育成支援を進め，家族や地域社会における「子育て機能の再生」を実現することに取り組むことになった。次世代育成支援に関しては，当面男性を含めた働き方の見直し，地域における子育て支援，社会保障による次世代支援，子どもの社会性の向上や自立の促進，仕事と子育ての両立支援（待機児童ゼロ作戦）等が考えられた。

基本的な施策は，働きながら子どもを育てているすべての人のために，あるいは子育てをしているすべての人の家庭のために，そして次世代を育む親となるために，「次世代育成支援対策推進法案」，「児童福祉法改正法案」に基づく行動計画の策定・実施等により，自治体・企業等における取り組みを推進することである。次世代育成支援対策の実施に関する基本的な事項とは，父母その他の保護者が子育てについて第一義的な責任を有すると言う基本的な認識の下で，家庭その他の場において，子育ての意義についての理解が深められ，かつ，子育てに伴う喜びが実感されるように配慮が行われなければならないことである。これに呼応して，平成 9 年度鹿児島県においても，地方版エンゼルプランと称される「鹿児島県子育て支援総合計画」（「鹿児島のびのびプラン」）が策定された。子どもが健やかに育つために，個々の自己実現が図られる環境づくりと地域社会に支えられ，子育てに喜びが感じられる環境づくりを目標としたものである。

同様に，鹿児島市においても「かごしま・すくすく・子どもプラン」が策定され，平成21年3月にはあなたの子育てを応援しますとして，「鹿児島子育てガイド」が刊行されている。鹿児島市においては，未来を担う子どもたちが明るくすこやかに成長できる様な環境づくり，子どもを持ちたいと希望する人が安心して子どもを生み育てることのできる社会づくり，子どもを育てている人が子育てに伴う喜びを実感できるような環境づくりを目標に，子どもの利益を尊重する，利用者の立場に立つ，次世代の親づくりをする，社会全体で子育て支援を行う，すべての子どもの家庭支援を行う，地域における社会資源を効果的に活用する，サービスの質を向上させることを基本的視点としている。

具体的な内容としては，地域社会における子育て支援，母性並びに乳児及び幼児等の健康の確保及び増進，子どもの心身の健やかな成長に資する教育環境の整備，子育てを支援する生活環境の整備，職業生活の家庭生活との両立の推進，子どもの安全の確保，児童虐待対策の充実，ひとり親家庭の自立支援の推進，障害のある子どもへの支援，配偶者からの暴力に対する対策の充実，子育てに対する経済的な支援がその中味である。

平成21年度の「かごしま市子育てガイド」の取り組みは，子育てを総合的に支援する様々な取り組みである。具体的には，ファミリーサポートセンター事業，親子のつどいの広場，相談と親子のふれあいの場—地域子育て支援センター事業，にこにこ子育て応援隊，子育て短期支援事業，育児支援家庭訪問事業，育児サークル，ふれあい・子育てサロン，赤ちゃんとお母さんのダイヤル相談，育児・女性健康相談〜子育て・女性健康支援センタ鹿児島〜，子育て支援ボランティアの紹介，児童ルーム，母親クラブ育成・支援事業，地域で安全に子育てを行うための支援等，実に多彩である。

○児童家庭支援センター

児童相談所等の関係機関に連携しつつ，地域に密着したよりきめの細かな相談支援を行う児童福祉施設であり，1998年の児童福祉法改正に伴い新たに創設されたものである。児童養護施設，児童自立支援施設，母子生活支援施設，乳児院等に設置されている。（児童福祉法第44条の2第1項）この二

つの形態の類似性高いが，子ども家庭支援センターは地域における育児環境の整備と地域における子育て家庭支援の構築を目的にして設置され，児童家庭支援センターは児童相談所を中心とした児童福祉施設との連携による専門的な機能を前面にだしていることに違いがある。

(3) 地域子育て支援の拠点
① 地域子育て支援センター
　地域子育て支援センター事業とつどいの広場事業を再編し，2007年度より創設実施される。子育て親子の交流の促進，子育てに関する相談の実施，子育て支援に関する情報の提供，講習の実施等がその内容である。保育所等において，専業主婦等が育児不安について専門家に相談したり，地域の育児サークル活動を行うことができる場所である。

　○つどいの広場
　主に乳幼児（0～3歳）をもつ子育て中の親が気軽に集い，打ち解けた環境の中で，子育てへの負担感の解消を図ることを目的として設置されており，実施場所は主に，公共施設内のスペース，商店街の空き店舗，公民館，学校の余裕教室，子育て支援のための拠点施設，マンション・アパートの一室など身近なところで，親子で集える場所としての拠点化を推進している。

② 子育て支援事業
　2003年の児童福祉法改正により，市町村は児童の健全育成に資するため，その区域内において放課後児童健全育成事業及び子育て短期支援事業等が着実に実施されるよう必要な措置の実施に努めなければならないとして規定された事業である。ショートステイ（短期預かり事業）：専業主婦を含め，保護者の育児疲れや急病や冠婚葬祭，パート就業など日時を特定できる場合などに，児童養護施設等にて一時的に預けることができる。トワイライトステイ：保護者が，仕事などにより，帰宅が夜間にわたったり，休日勤務のために児童の養育が十分にできない場合などに児童養護施設などにおいて一時的に預けることができる。

③ ファミリー・サポートセンター

　会員組織により保育所の開始前や終了後に育児や送り迎え等，育児に関する互助援助活動を行うもの，就労と育児を両立させる目的で，1994年度から旧労働省が補助事業として実施したもの。地域住民同士による相互互助のサービス。子育ての応援をしてほしいという家庭と応援したいという家庭が，それぞれ依頼会員や提供会員となって，子どもの一時の預かりや送り迎えなどをするという仕組みで運営されている。地域に居住する子育ての終わった専業主婦や高齢者と，子育て中の就業者や虚弱な心身で育児をせざるを得ない主婦たちが社会福祉協議会やNPO等が仲介となり，それぞれ契約を交わし援助するのが一般的な形態である。

④ 児童クラブ（放課後児童クラブ）

　共働き・ひとり親家庭の小学生を放課後や夏休みなど学校休業日に預かる施設であるが，子どもたちが巻き込まれる事件が多発する中で安全や安心できる子どもの居場所として，保育所と同様に共稼ぎ夫婦やひとり親家族の「ライフライン」としてその期待されるものは大きい。児童クラブは，正式には「放課後児童対策事業」として位置付けられた。その趣旨は「近年の都市化の進展や女性の就労の増大等による児童を取り巻く環境の変化に鑑み，昼間保護者のいない小学校低学年児童の育成・指導に資するため，遊びを主とする健全育成活動を行う地域組織として児童クラブを設置し，児童の健全育成を図るものとする」とされている。

■参考文献

菊池正治・細井勇・柿本誠編著『児童福祉論――新しい動向と基本的な視点』
　　〈MINERVA福祉専門職セミナー〉ミネルヴァ書房，2007年。
特定非営利法人福祉21かごしま監修，伊東安男・高橋信行編著『現代社会福祉
　　――鹿児島からの発信』ナカニシヤ出版，2005年。
厚生の指標増刊「国民の福祉の動向　2009」財団法人厚生統計協会，2009年。
児童手当制度研究会監修『児童健全育成ハンドブック（平成18年版）』中央法規出

版,2006年。
山縣文治・柏女霊峰編集代表『社会福祉辞典（第7版）』ミネルヴァ書房,2009年。
平成19年版ハンドブック　教育・保育・福祉関係法規編集員会編集,近藤正春・
　　安藤和彦編集主査『ハンドブック　教育・保育・福祉関係法規集（平成19年
　　版）』北大路出版,2007年。
厚生労働省編『厚生労働白書——暮らしと社会の安定に向けた自立支援（平成21
　　年版）』厚生労働省,平成21年。
仲村優一・一番ヶ瀬康子・右田紀久恵監修,岡元民夫他編『エンサイクロペディア
　　社会福祉学』中央法規,2007年。
かごしま市子育てガイド編集員会『鹿児島市子育てガイド〜あなたの子育て応援し
　　ます〜』鹿児島市健康福祉局,平成21年。

第3章 高齢者福祉

1 介護保険と高齢者

(1) かごしま将来ビジョン
　鹿児島県では，県民一人ひとりが郷土に夢と誇りを持って生涯を過ごしていけるような地域社会を作るため，概ね10年程度の中長期的な観点から，県のあるべき姿や進むべき方向性を盛り込み，これからの県政の基本的な方向性を示すものとして，「かごしま将来ビジョン～日本一の暮らし先進県への道～」[(1)]（以下，「将来ビジョン」という）を2008年3月に策定した。
　この将来ビジョンは，「安心・安全」「活力・快適」「共生・有徳」の3つの視点を基本に，調整すべき課題と取り組みの方向性を10の項目で明確にし，それぞれの取り組みの方向性を具体的に示している。この中で，高齢者福祉に関するものとして，心豊かに生涯を送れる健康長寿県の創造や高齢者がいきいきと暮らせる地域社会づくりなどをうたった，生涯を通じて安心して暮らせる社会づくり，共生・共同による温もりのある地域社会づくりの挑戦などがある。この将来ビジョンは，地域ケア体制整備構想や鹿児島すこやか長寿プランなどにも，反映されている。
　鹿児島県では，この将来ビジョンを踏まえ，地域の特性を活かしながら，その地域の将来ビジョンを地域振興局ごとに作成している。この将来ビジョンについては，市町村との連携を図る中で，施策が効果的に展開されるよう毎年個別の施策・事業等について予算も計上される見込みである。

(2) 鹿児島県の高齢者の状況
　鹿児島県の高齢者の状況の特徴であるが，数字で見ると，いくつかの特徴がある。まず高齢化率である。
　表3-1にあるとおり，鹿児島県の高齢化率は，1990年は16.6％であったが，2006年には25％をこえ，2008年には26.0％となっている。全国の高齢化率は，2007年で21.5％であり，高齢化率の先進県といえる。2007年の高齢化率は，全国7位となっている。市町村別に見ると，南大隅町の43.1％を筆頭に45市町村のうち，30％を超えているのが，29市町村，25％を

表 3-1　高齢化率の推移

	1990年	1995年	2000年	2005年	2006年	2007年	2008年
鹿児島	16.6%	19.7%	22.6%	24.8%	25.3%	25.7%	26.0%
全　国	12.0%	14.5%	17.3%	20.1%	20.8%	21.5%	—

（出所）　鹿児島県ホームページ　http://www.pref.kagoshima.jp/

超えているは実に 41 市町村で，わずか 4 市のみが 25％以下となっている。鹿児島県ではすでに，75 歳以上の後期高齢者の数が，前期高齢者の数を上回っている。

　このほか，一般世帯に占める高齢単身世帯の割合は，13.4％で全国の 7.9％を大きく上回っている。高齢者夫婦世帯の割合も，13.1％である。このように高齢者の一人暮らし，または高齢者夫婦世帯は，全国一の多さとなっている。

（3）　介護保険の状況

　介護保険の利用者の状況であるが，第 1 号被保険者に対する認定率は[2]，2000 年の 13.9％から，2008 年には 18.2％と，約 5％増えている。2008 年 9 月の要介護（要支援）認定者数は，約 8 万 4000 人で，全国第 7 位となっている。鹿児島県の場合，要支援者など比較的軽度の認定者の割合が多い状況にある。

　利用の状況をみると，鹿児島県は，**表 3-2** にあるように，居宅サービスが低く，施設サービスが高い傾向にある。

　離島を抱える鹿児島県では，サービスの利用状況は，市町村によって大きく異なり，三島村，十島村においては，給付額の 9 割近くが施設サービスとなっている。その他，大和村，宇検村，与論町でも 6 割を超えている。このように地域によっては，介護を要する状態になった場合，在宅生活を継続するために必要な，保健・医療・福祉のサービスが十分でないことも影響し，施設サービスを選択せざるを得ない実態もある。

　在宅サービスの利用状況について鹿児島県の特徴は，通所系のサービス利用が高く，訪問系の利用が低い傾向にある。一人当たりの費用額でみた場合[3]，

表 3-2　第1号被保険者一人当たり給付額

	居宅サービス	地域密着型サービス	施設サービス	合計
鹿児島県	96,485円	30,657円	109,008円	236,150円
全国	106,959円	16,627円	94,506円	218,092円

（出所）鹿児島県ホームページ　http://www.pref.kagoshima.jp/

通所リハビリテーションが214％，認知症対応型共同生活介護（グループホーム）が205％と，全国平均の倍以上の利用となっている。利用が低いのは，特定施設入居者生活介護55.8％，訪問入浴介護61.0％，居宅療養管理指導65.1％となっている。

認知症対応型共同生活介護を含め施設入所が多いことは，鹿児島県の独居率，高齢者夫婦世帯の多いことが影響していることも考えられる。近くに家族がいる場合，本人の変化に早く気づき，初期の段階でさまざまな対応をすることで，在宅生活を継続できる可能性もある。しかし，そうでない場合，発見が遅れ，重度化した際は，施設しかないということも起こりうる。

介護保険料についても全国平均と比べて，若干高くなっている。第1期（2000年～2002年）の平均額は月額3116円であったが，第4期（2009年～2011年）では，月額4172円となっている。要介護認定者数やサービスの利用の増加に伴いあがり続ける介護保険料は，年金生活を送る高齢者の生活に少なからぬ影響を与えていると考えられる。

介護保険制度は，「介護の社会化」を目指し，全国どこでも同じようなサービスが受けられることを目的にしているが，実情は地域によって大きく異なる。高齢者福祉を推進するにあたって，地域の特性を見極めたうえで，対応することが望まれる。

(4)　介護支援専門員の状況
①　介護支援専門員協議会について

介護保険制度の施行に伴い，介護支援専門員という新しい資格ができた。鹿児島県下においては，専門職団体として，鹿児島県介護支援専門員協議会（以下「県協議会」という）を立ち上げ，前後して各地域では地区支部が立

ち上がっていった。2006年7月からは，NPO法人化し，広報委員会，調査研究研修委員会，地区支部事務局担当者会などを設けて，各支部の協力のもと，さまざまな事業を実施している。

　この県協議会の特徴は，現任研修と主任介護支援専門員の養成研修を県から委託されていることである。また，それぞれの研修を担う講師を養成する指導者養成研修の委託も県から受けている。

　この指導者研修であるが，従来の現任研修は義務化されていなかったため，国の指導者研修を受けた講師陣が中心となって実施していた。しかし，義務化されたことにより，5年ごとに全ての介護支援専門員が研修を受けることになった。そのため，県下6会場で同じ内容で現任研修を実施することになり，それを担う講師養成を目的としている。

　講師の候補者は，それぞれの地域の人が担当できるように，県（地域振興局），市町村（地域包括支援センター），地区支部（現任の介護支援専門員）からそれぞれ推薦を受けたものが，指導者養成研修を受講し，講師として養成されている。そして，自分たちの地域で，現任研修の講師として活躍している。

② 現任研修について

　2006年度の介護保険改正により，現任の介護支援専門員に5年ごとに研修を受けることが義務付けられた。これにより，鹿児島県でも介護支援専門員の研修体制を見直すことになった。

　それまでの研修体制は，県の介護保険担当課と国の指導者研修を受けた講師陣がチームを作り，研修計画を立て，講師としても協力していた。会場は鹿児島市内と奄美大島の2か所のみであったが，参加者が多いため，鹿児島市内では3回程度に分けて研修を実施していた。毎回，講義・演習を担当する講師にもかなりの負担がかかっていたが，受講生である介護支援専門員にとっても，会場が遠いなどの負担となっていた。

　そこで，研修の義務化に伴い，2006年度から県下6地域で現任研修を開催することになった。その研修内容については，統一を図っており，各会場でばらつきが出ないように配慮している。具体的には，**図3-1**にあるように，

図 3-1　指導者チーム図

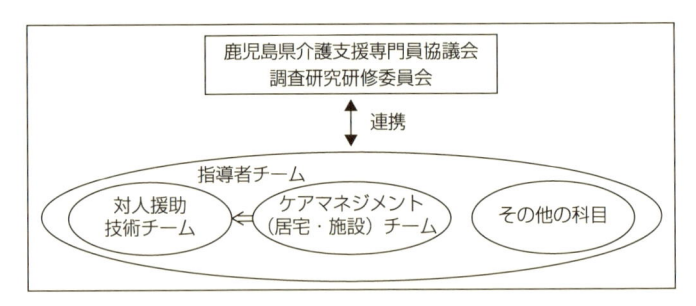

```
┌─────────────────────────────────────────┐
│        鹿児島県介護支援専門員協議会          │
│          調査研究研修委員会                │
└─────────────────────────────────────────┘
                    ↕ 連携
┌─────────────────────────────────────────┐
│              指導者チーム                 │
│  ╱対人援助╲  ╱ケアマネジメント╲ ╱その他の科目╲│
│  ╲技術チーム╱  ╲(居宅・施設)チーム╱ ╲        ╱│
└─────────────────────────────────────────┘
```

（出所）　鹿児島県介護支援専門員協議会組織図より抜粋。

　ケアマネジメント（居宅・施設），対人援助技術等について，国の指導者研修を受けた講師が中心になり指導者チームを作っている。その指導者チームが，全会場共通の資料を作成し，それぞれの目的と講義内容，演習の統一を図った。さらに，2008年度からは，オリジナルテキストを作成し，各会場で使用している。

　現在，現任研修は，県協議会の事務局と地区支部の事務局・調査研究研修委員等が協力体制を取り，会場事務局として機能している。このようにそれぞれの地域で実施することにより，「地元で研修を受けられるようになりよかった」との声が受講生から出ている。

　また，地域の介護支援専門員や地域包括支援センターの職員が指導者になっているため，研修会終了後にネットワークが広がるなどのメリットも出ている。介護支援専門員の養成については，いわゆる大学の教員等にお任せするのではなく，その地域の現任者が中心となり研修会を実施しているため，より地域の実情に合わせた研修となっている。また地域のリーダー的役割を果たす介護支援専門員の養成にもつながっている。これが鹿児島県の介護支援専門員に関する特徴といえる。

2　在宅ケアの現状と課題

(1)　介護保険下の在宅サービス

　介護保険法が施行されて10年が過ぎようとしているが，その間，鹿児島県においても大きな変化が見られた。先にも述べたように，認定率が上昇し，サービスの利用が増えることにより，介護保険制度が身近になったともいえる。

　2006年には介護保険法が改正され，再び高齢者の生活が大きく変化した。このときの改正で，要介護1の方は，認知症状の有無や症状の不安定さなどにより，要支援2と要介護1に分けられることになった。その結果，要介護1の認定を受けている人の約半数が要支援2と認定されることになった。このことは，サービスの利用にも大きく影響した。具体的には，通所系のサービスは要支援1と要支援2では決められた回数のサービス利用となった。また訪問介護も合わせて，利用料が定額制となった。

　そればかりではない。担当する介護支援専門員が変更となるケースも出てきた。介護保険で在宅サービスを利用する場合，ほとんどの人が居宅介護支援事業所の介護支援専門員にケアプラン作成を依頼している。要支援の認定を受けた方のケアプラン作成は，その地域を担当する地域包括支援センター（以下，「地域包括」という）の職員が受け持つ。このことは何を意味するか。今までは，自分で居宅介護支援事業所を選ぶことができたが，地域包括の場合は，担当地域が決められているため，利用者が自由に選ぶことができない。しかも，居宅介護支援事業所から地域包括へ事業所が変わることで，その都度契約を結ばなければならない。このことは，利用者にとって，大きな負担にもなり，混乱を招いた。この改正は，介護保険の目的のひとつである，「自己決定」に反するものともいえる。高齢者の生活の一貫性・継続性を考えた場合，多くの矛盾を抱えている。

　また，2009年4月の改正により，要介護認定にかかる訪問調査の項目や判断基準が変更になった。国はモデル事業やパブリックコメントを受け，必要なサービスを受けられなくなるのではという，不安に対し，現場の声や客

観的データに基づく検証・検討を行う「要介護認定の見直しに係る検証・検討会」を開催することにした。その結果が出るまで，申請者（要介護者等）の希望に応じ，従前の要介護度とする経過措置が実施された。そのため，介護認定審査会で要介護認定はするものの，申請者の希望によって，要介護度は従前のものに決定するという事態になった。国は「利用者の不安を解消するとともに，混乱を防止する観点」から，このような経過措置を取ったとしているが，皮肉にもこの経過措置については，利用者だけでなく，介護支援専門員や保険者，介護認定審査会委員からも混乱を招いたとの声が上がっており，2009年9月で終了となった。

（2） **地域包括支援センターについて**

平成18年の介護保険法改正により，地域包括ケアを推進する拠点として，地域包括支援センターが新たに設置された。平成19年4月には，全国で3831か所の地域包括が設置されており，その3割強が行政の直営で，その他は法人委託となっている。鹿児島県の場合，2010年1月現在70か所が設置されているが，約7割が直営で，残りが委託となっている。しかし，直営の場合，社会福祉士等の専門職が行政に少ないことから，地域の施設や社会福祉協議会等から，社会福祉士などの専門職が地域包括に出向している場合も多い。

地域包括については，2008年度に鹿児島国際大学大学院福祉社会学研究科のプロジェクト研究で，鹿児島県下の地域包括の活動実態と課題について調査している。その結果，介護予防事業に追われ，本来の業務である総合相談支援業務や包括的・継続的ケアマネジメント業務などがなかなか実施できていない現状と，今後専門職として活動するためのチームケアとネットワークの構築，研修体系のあり方などが明らかになった。また，現状に甘んじることなく，地域福祉推進のために，日々奮闘している地域包括の姿が浮き彫りになった。特に権利擁護の視点でみた場合，高齢者虐待に関する相談への対応が地域や関係者から求められ，また職員自身もそのことの重要性を強く感じている。

(3) 認知症高齢者への対応

先にも述べたが，鹿児島県は独居率，高齢者夫婦世帯が，全国一である。この事は，在宅福祉を推進する上で，問題となる場合もある。その一つが認知症高齢者の問題である。認知症の場合，早期発見することで，適切な治療やケアへとつなぐことができる。しかし，独居の場合，その初期症状に気づくのが遅れることも多く，家族や地域の人が気づいたときには，症状が進行している場合も多い。

そういったことを防ぐためにも，鹿児島県下では，認知症サポーター養成事業等に力を入れている。多くのサポーターを地域で養成することにより，早期発見につなげようとするものである。

また，肝付町においては，行政と社会福祉協議会で，モデル事業を実施している。これは，社会福祉協議会で地域福祉推進事業を実施し，町の地域支援体制構築事業とリンクさせ，認知症ケアのサポートや徘徊SOSネットワーク構築などに，見守り活動や生活支援をいかそうとするものである。始まったばかりの事業であるが，地域の特性を活かした認知症高齢者への対応や，ネットワークづくりなど期待をしたい。

(4) まとめ

鹿児島県は高齢化率も高く，また，多くの離島を抱えていることから，高齢者福祉を推進する上で，さまざまな問題を抱えているのが現状である。高齢者福祉の分野は，介護保険制度が浸透してきたが，このように全国一律のサービスだけでなく，その地域の特性を活かした独自の取り組みが，今後の課題である。そのような意味では，社会福祉協議会やNPO法人，独立型社会福祉士事務所など，それぞれの地域で活動の場が広がっており，地域に根ざした活動がそれぞれの地域で活発になることを期待したい。

3 介護保険法と施設サービス

介護保険における施設サービスとしては，常時介護を必要とする高齢者の生活施設としての特別養護老人ホーム，リハビリを中心に在宅復帰・支援を

目指す老人保健施設，医療・療養ケアを中心とする療養型病床群の3施設が位置づけられた。これらの施設は，別々の制度の下でこれまで運営されてきたものが，介護保険制度のなかで経営される施設群として一元化されることとなった。

施設利用に際しては，施設と利用者との契約へ，利用料も措置費から介護報酬へと移行した。要介護認定が行われ介護の必要量により提供される介護サービスが決められることとなり，要介護度1～5までの認定者が利用できることになった。施設サービスを提供するにあたっては，施設ケアプラン（介護サービス計画）の作成が義務づけられ，利用者個々に対して，ケアの必要性，目標などについて細かくアセスメントを行うことにより自立支援に向けての援助が強く求められることとなった。

3施設は介護保険法の下で一元化されたものの，要介護高齢者の基本的なニーズや実態としてのニーズにきめ細かく対応するためには，基本的な施設サービスとそれぞれの特徴を生かした施設ケアをどのように提供していくかが課題であり，施設では介護保険の施設サービスと利用者視点に立った自立した生活を支えるケアを提供することで，利用者の一人ひとりの尊厳が守られる「生活の場」づくりが求められる。

介護保険導入後も，措置施設として運営されている養護老人ホーム，軽費老人ホーム，2008年に地域密着型サービスに位置づけられ急増したグループホーム（認知症高齢者共同生活介護）など，さまざまな施設が鹿児島県の高齢者介護を支えている。

4　鹿児島県の高齢者福祉施設の歩みと現状

(1)　養護老人ホーム

養護老人ホームは，身体上または精神上または環境上の理由および経済的理由で，居宅において養護を受けることが困難な老人を入所させる施設である。

鹿児島県では，老人福祉法が施行された1963年度末までに21施設・定員1101人が市町村立の施設として運営されていた。その後，一部事務組合，

社会福祉法人が経営主体となって1979年までに40施設・定員2310人まで整備が進み，以来施設の新設は行われていない。これらの養護老人ホームのうち，1972年に県内初の視力障害者を対象とする盲養護老人ホーム「三宝園」が設置され，以後，75年に「啓明園」，77年に「蓮の実園」が開設し計3施設となった。(5) 2009年4月現在，40施設で定員2315人である。

「鹿児島すこやか2009」では，養護老人ホームの整備については，現状の定員で入所ニーズをほぼ満たしているため，老朽化した施設の改築整備を進めて，入所者の処遇向上を図るとしている。

介護保険施行後も老人福祉法の下での施設運営がなされてきたが，2006年の「養護老人ホーム及び軽費老人ホームの将来像に関する研究会」報告書を踏まえて老人福祉法の改正が行われ，現在設置されている養護老人ホームは「外部サービス利用型施設」に転換されることとなり，要介護認定を受けた入所者で本人の希望などにより介護サービスを受けることができることとなった。

主な改正点は，①入所措置事由を「身体上若しくは精神上又は環境上の理由及び経済的理由」から「環境上の理由及び経済的理由」へ，②入所者が要介護状態になった場合には，介護保険サービスの利用可能，③入所者が自立した日常生活を営み，社会的活動に参加するために必要な指導及び訓練その他の援助を行うことを目的とする施設であることの明確化，などである。この改正により養護老人ホームは，「個人契約型」と「特定施設型」の2つの類型に分かれた。鹿児島県では個人契約型25施設，特定施設型15施設となっている。養護老人ホームは，住居としての機能は残しつつ居宅介護サービスを利用する方向へと大きく変わったのである。

(2) 軽費老人ホーム

軽費老人ホームは，老人福祉法に基づき新たに制度化され，無料又は低額な料金で老人を入所させ，食事の提供その他日常生活上必要な便宜を提供する施設で，1963年A型，1971年にB型，1989年にケアハウス（制度化当初はC型）の3類型が制度化された。鹿児島県には，1966年指宿市に「千寿園」，1974年日置市に「吹上寿荘」が開設し，A型としては1987年までに

第3章　高齢者福祉　　49

7施設が設置された。B型としては2施設で，1974年に奄美市に「たかもり寮」，1976年には鹿児島市に「谷山荘」が開設された。ケアハウスは，1992年鹿児島市に「優和の里」が開設され，現在は24施設で定員772人となっている。

2006年に「軽費老人ホームの設備及び運営に関する基準」が示され，今後はケアハウスを基本として，経過的軽費老人ホームとしてA型・B型に整理された。そして，「軽費老人ホーム将来像研究会」報告において，現にあるA型・B型は立て替えの機会などに円滑にケアハウスに移行できるよう十分な配慮が必要であるとされた。軽費老人ホームも養護老人ホームと同様にケアサービスについては，介護保険の居宅介護サービスを利用する方向へ変わってきたのである。

(3)　特別養護老人ホーム（介護老人福祉施設）

身体上または精神上の著しい障害のため常時介護を必要とし，居宅での介護を受けることが困難な概ね65歳以上の者で，特に経済的理由は入所の要件とされない施設である。

鹿児島県の特別養護老人ホームは，1965年5月1日，日吉町（現，日置市）に創設された町立の「青松園」が第1号である。その後，67年に同じく町立で坊津町（現，南さつま市）に「和楽苑」が開設された。翌年には社会福祉法人立として鹿児島市に「ひまわり園」，続いて鹿屋市に「鹿屋長寿園」が開設された。以後，県内49市町村に整備することを目標に掲げ，1法人・1施設・50床を基本に毎年4－5か所の施設が建設されるようになった。鹿児島県の特別養護老人ホーム建設に際して特徴的なことは，地域の医療関係者が主体となって社会福祉法人を設立し，医療と福祉の連携が図られてきたことである。2009年4月1日現在での鹿児島県内の特別養護老人ホームは，142か所である。

(4)　介護老人保健施設

1986年，老人保健法に基づき誕生した施設で，病院と在宅の中間にあって在宅復帰を円滑にすすめる施設と位置付けられ，中間施設とも呼ばれる。

病状が安定している者が速やかな在宅復帰ができるようリハビリスタッフ（PT・OTなど）の配置が義務付けられ，要介護者に対し，施設サービス計画に基づいて，介護，医学的管理の下における介護及び機能訓練その他必要な医療並びに日常生活上の世話を行うことを目的とする施設である。入所期間は概ね3‐6か月とされている。最近は，利用者の重度化などにより入所期間が長期化する傾向がある。2009年4月1日現在，鹿児島県内の介護老人保健施設は74施設である。

（5） 介護療養型医療施設

介護保険制度施行時において療養病床は，「介護保険適用の療養型病床群（介護療養病床）」と「医療保険適用の療養型病床群（医療療養病床）」の2種類に分かれた。元来，一般病院から転換したため，病棟の雰囲気はそれほど変わった印象はなく，療養病床なのかどうか一般には分かりづらい。病状が安定しており長期の療養が必要な者が対象である。あくまでも療養が目的であるため，入所期間は，各施設の判断によるところが大きい。

2006年度医療制度改革関連法案によると，全国のおよそ38万床ある療養病床のうち医療の必要性の高い利用者を対象に15万床は医療型の療養病床へ，医療の必要性の低い利用者の23万床は老人保健施設，ケアハウス，グループホームなどの居住系サービスへ転換されることとなった。2009年度4月1日現在，鹿児島県内の介護療養型医療施設は92施設で，2000年以降，廃止または転換された事業所は210施設にのぼる。

（6） グループホーム（認知症高齢者共同生活介護）

わが国における認知症高齢者に対するケアは，1975年頃から関心が高まり，生活支援を行う特別養護老人ホームがその受け皿として機能してきた。1980年代後半には，グループホームやユニットケアなどの先駆的な取り組みが開始され，1997年にグループホームへの運営費補助が制度化されるなど，認知症高齢者をめぐるケアや施策は時代とともに発展してきた。[6]

介護保険法導入とともに，指定居宅サービス「指定認知症対応型共同生活介護事業」として位置づけられたことを契機に，社会福祉法人や医療法人に

コラム3　のんびり・ゆっくり・ゆったり「村長の家」

　今にも倒れそうな武家屋敷風の門をくぐると，大小さまざまな庭木がうっそうと茂り，まるでジャングルのようだった。棒で恐る恐るかき分けて進むと，木々の中に朽ち果てんばかりの大きな家があった。横には，大きな蔵，倉庫も馬小屋も，そして井戸もある広い屋敷であった。中に入ってみる。ところどころ天井は落ち，畳は腐っている。床下に落ちないように，用心して歩く。部屋がいくつもあり，迷路のような大きな家。

　その家は，築およそ70年，15年間空き家のまま放置してあった由緒ある屋敷，学校や商店街の中心にあり，荘厳なる佇まいを限りなく留めている。

　「この家は，昔の村長さんの家なんだよね。いい家なのにもったいないね。ちょっと手を入れればよくなるぞ。よし，この家をグループホームにしよう。場所はいいし，家も屋敷も広い。何といっても，由緒ある家だからね。年寄りが住むには，最高だ。」佐野正男施設長がグループホーム「村長の家」の建設を決めた瞬間である。

　門や玄関，建物の原型を残すこと念頭に大改修工事が始まった。地域の人々も「ないがでくったろかい，こげなところに，ないをつくったろかい」「永吉の中心地じゃっで，きれいになればそいだけでよかこっじゃ」と，たくさんの人が手伝って下さったそうである。2000年7月，1年がかりの普請の末に定員9名の「村長の家」は開所した。人口3000人ほどの日置市吹上町永吉地区の中心地区に明かりが灯り，村長さんの家が蘇った。地域の人たちは，この家が村長さんの家であることを知っていた。記憶の中に生き続けていたのであろう。まさに，地域とともに誕生したグループホームである。

村長の家での生活は，のんびり，ゆっくり，ゆったりが基本である．朝が来たら，ご飯と味噌汁を食べ，10時になったら漬物を添えてお茶を飲む．散歩にも買い物にも出かける．掃除もするし，洗濯もする．

　できる人，したい人がすればいい．したくなかったらしなくていい．80年も90年も頑張ってきたんだからと，誰もが自分のペースでゆっくりとのんびり過ごしている．

　2001年11月には，地域のお母さん方から要望のあった「学童保育」を併設することになった．お年寄りと子供たち，そして迎えにくる若いお母さんたち，まさに三世代交流の場となった．子供たちの笑い声，庭を元気よく駆け回る姿を，縁側から眺めているお年寄り，その傍らに寝そべる猫，ゆったりとした時が描き出されている「村長の家」である．

　鹿児島県には2009年9月現在300か所を超えるグループホームがあり，それぞれに理念を掲げ，さまざまな取組みがなされている．そこには「地域」「寄り添うケア」「なじみの関係」「家庭的な雰囲気」といった言葉が溢れている．

　認知症のお年寄りのケアには，建物の環境，地域とのふれあい，ケアする人との関係など，その人を取り巻く「環境」が大切である．

　「村長の家」でのお年寄りの生活をみていると，グループホームに限らずこれからの高齢者福祉施設は，お年寄りを取り巻く環境を大切に理念と地域とケアする人の融合を求めていくことの大切さを改めて感じる．

■参考資料

「村長の家」五周年記念誌，1995年7月．

　加えて生活協同組合，株式会社，有限会社やNPO法人などさまざまな経営主体が参入して急速にその普及が進んでいる．全国的には2000年3月の266か所から2009年9月1万117か所に達し，鹿児島県においても2000年

3月の28か所から，2009年9月324か所に急増している[7]。

在宅サービスの一つに位置づけられているが，その機能と役割は24時間のケアを提供する「施設」であると同時に，管理性を低くして利用者の自由度を高める「住居」である[8]。

グループホームは，小規模であるがゆえに密室性が高く，その運営に関して外部の目が届きにくく閉鎖的な空間になりやすいという指摘や，基本的な認識を事業所間で共有してケアの質を標準化することが必要との指摘を受け，運営理念，生活空間づくり，ケアサービス，運営体制などの項目について，自己評価および外部評価が義務付けられている[9]。

5　鹿児島県における高齢者福祉施設の課題

現状の高齢者施設は介護保険を中心に展開されている。先にも述べた介護保険3施設の他に，介護保険特定施設としての有料老人ホームや2006年の改正で新たに制度化された地域密着型施設，小規模多機能施設など多様な事業形態もある。介護保険制度が施行されて10年を迎える現在，高齢者福祉施設が果たすべき，さまざまな役割や課題がある。

（1）　介護サービスの質の向上に向けての取り組み

施設利用に際しては，利用者一人ひとりの身体的・精神的状況をアセスメントして，それに即した援助内容をケアプランとして作成することとなる。

ケアプランは，介護支援専門員（ケアマネージャー）が看・介護職員，栄養士など多職種と連携を図りながら作成される。当初はケアマネージャー自身が作成の手法や内容などに未習熟な点などがあり，「ケアプランは作成されたものの実際のケアに反映されているか」との疑問もあった。

また，施設では身体拘束が原則廃止となり，11項目の身体拘束行為が示されるとともに，やむを得ない場合の原則が定められ，2007年には「身体拘束廃止未実施減算」が実施され，介護報酬上でも厳しい対応がなされている[10]。

介護保険法の改正で「尊厳の保持」が明記され，さらに，2008年4月に

コラム4　高齢者虐待と権利擁護　枕崎市地域包括支援センター

　地域の気になる高齢者を把握する場合，今までは地域の方々やわれわれ専門職も，必ずと言っていいほど一人暮らしや夫婦二人暮らしの世帯を中心に目を向けていたように思う。しかし，最近は子どもと同居している世帯にも目を向けていかなければならないと感じている。それは，一般的に「ここの家は子どもさんと同居だから安心だ」と決めつけてしまっている所があった。しかし，高齢者の心身状況や家族関係の不仲から単なる親子喧嘩ではないような状況に陥り複合的な問題が重なり，結果として，介護・世話の放棄（ネグレクト）や経済的虐待などへとつながっていく出来事がここ数年全国各地で報告されているからである。そのため，「家族がいるから安心」ではなくなっているような気がする。

　高齢者虐待では，その起こった行為とその後の結果だけが注目されがちであるが，そのようになった背景を知ること（情報の整理，アセスメント）が今後の支援を展開するうえで大切になってくる。経済的虐待の場合は，成年後見制度を活用することで第三者が身上監護や財産管理の事務を行うことにより，虐待の防止や予防にもつながっていくことがある。高齢者と養護者の間に，第三者を加えることで，直接的な負担となる身体介護を軽減する仕組み（介護サービスの利用など）も整え，養護者の心身の負担を軽減することで，関係の改善が図れる場合がある。虐待の対応では，権利擁護の視点から必要に応じて成年後見制度の活用へとつながっていくことも有用である。

　高齢者虐待の対応で援助者が取り組んでいく過程では，当然ながらその高齢者と家族だけでは生活が今後できないことが予想される場合の対応が議論されることが多い。よくありがちなのが，相談者や周囲の過剰な反応や表面上の行為のみにとらわれがちになり，聞き取りをした内容のどれが真実なのかがぶれてしまうことがある。そのため，まずは情報収集をして現状を整理していくことから始めていき，虐待が起こった背景を考えた上で要因を探り，状況を正確に把握してから次に取り組んでいく。決して社会資源をつなげることだけが支援ではなく，虐待の程度に合わせた対応方法をチームで考えていくこと，チームで実践する癖をつけることが大切になってくる。このことは，市町村や地域包括支援センターだけで進めていくのではなく，地元の関係する複数の機関との連携が必要であり，今まで以上にヨコの関係が大切となってくる。

> 高齢者虐待のポイントは，早期発見と早期対応であると考えられるので，高齢者とその家族を孤立させないように，地域での何気ないあいさつや声かけなどが高齢者虐待防止につながっていくことを地域の関係者にも呼びかけることが必要だと感じ，個別訪問以外では高齢者虐待ネットワーク（委員会）や専門職向けの研修会（介護従事者等）などで話をさせていただいた。なぜかといえば，虐待を受けている高齢者が届出や相談をすることはまず考えられず，もっと通報することについて啓発をしないと声を出せない高齢者は多いはずなので今のままでは救えないのではないか，という想いからである。今後は，一般の市民だけではなく若い世代に向けた啓発にも取り組んでいく必要があると考えている。例えば，教育の場面で中学生や高校生に伝えていくことも予防の第一歩になると思う。
> 　高齢者虐待や権利擁護では，早期発見と早期対応が重要となってくるが，その相談窓口となっている地域包括支援センターでは，高齢者等が地域生活に困難を抱えている場合，自ら権利を理解し，行使できるよう市町村の責任によって行うことが期待されているため，地域の社会資源を使って対応していきつつ，不足していることなどについては，どんどん県へリクエストしていく姿勢も必要であるといえる。

は，家庭内における養護者（家族介護者）の虐待だけでなく，施設従事者の虐待をも対象とした高齢者虐待防止法が施行され，施設の介護現場においても高齢者の人権侵害や虐待が大きな問題となっている。

　鹿児島県では「介護支援専門員研修会」や「権利擁護推進員研修会」など，施設ケア向上に向けての研修会が毎年行われている。施設としても，利用者本位，自立支援へ向けてのケアプラン作成とケアの向上，標準化に向けた取り組みとともに，介護技術，介護の専門性・倫理性，利用者に対する尊厳の保持など研修をとおしての介護人材育成が大きな課題となっている。

(2) 介護人材育成・確保

　上述のとおり，介護サービスの質を担保する観点から，各種記録の義務化やリスクに応じたモニタリングの実施，身体拘束廃止・感染症対策などのケア改善に関する委員会等の開催など職員一人ひとりにかかる業務量の増大に

伴う精神的な負担も大きくなってきた。

　さらに，介護現場では人材不足も深刻化している。人間関係の難しさ，福利厚生の未充実，将来にわたっての生活設計への不安，賃金水準の低さが，求人・採用の困難さと離職率の高さにつながっているとの報告もある。

　介護職の離職に関しては，鹿児島県の調査において1年間の退職者は施設系で19.2％と1年間で約2割が退職している。勤務年数でみてみると「1年未満の者は40.4％」，「1年以上3年未満の者が33.1％」で，退職者の73％が「3年未満」で退職していた。[11]

　退職の背景には，精神的・身体的に過度なストレスも要因として指摘されている。グループホームでの小規模ケアや特別養護老人ホームや介護老人保健施設で展開されている個室ユニットケアでは，密度の濃い人間関係が要求されることがあり，過大なストレスにつながることも考えられる。

　そのためには，賃金を含めた職員の処遇改善はもちろんのこと，自らのスキルアップを望む職員に対しての研修の機会を設けることをシステム化すること，社会的な評価を高めるために地域での福祉活動を進めていくことなど，仕事に対するやりがいや成果を実感できる環境を整えることも強く求められている。

(3)　施設運営・経営の安定化

　介護報酬は3年ごとに改定が行われることとなっており，2003年はマイナス2.3％，2006年はマイナス2.4％[12]となり，施設としては経営的にも厳しい状況にあった。これを受け2009年の改正では3％のプラス改定となったが施設機能を評価した加算制度のため，施設間で収入に違いが生じている。介護保険施設では，加算の要件である有資格者である看護師・介護福祉士・管理栄養士の確保，常勤職員化・定着化などへの労働環境改善，利用者の生活環境改善の充実が喫緊の課題となっている。

　また，介護保険施設には，運営基準において入居者3人に対して1人の直接処遇職員（看護・介護職員）を必要とする「3：1」の人員配置基準が定められている。しかし，実際は「2：1」もしくはそれ以上に厚く配置しているのが現状である。これは施設サービスの質を向上させようとする事業所

の姿勢でもある。しかし，介護の質を向上させるための取り組みを進めるためには，それなりの費用がかかる。

　2008年鹿児島県介護保険課の調査では，施設系の総支出のうち人件費構成比率は59.4％で，特別養護老人ホームは62.5％となっている。地域福祉の拠点である施設の安定的な経営を行っていくためには，施設基本サービス費の介護報酬プラス改正も検討されることも必要である。

6　鹿児島県の高齢者福祉施設の展望

　鹿児島県の高齢化率は，1960年には7％を超え，1975年には11.5％，1985年には14.2％となり，2009年には26.0％（09年度鹿児島県年齢別推計人口調査結果）で，全国平均22.1％をはるかに上回っている。高齢化の現状で特徴的なことは，全国に比べて約10年先行して高齢化が進んでいること，一般世帯数に占める老人単身世帯及び高齢夫婦世帯の割合が全国1位であること，75歳以上（後期高齢者）の高齢者比率が高いことなどである。[13]

　これまで介護の大部分を家族が担ってきたが，大都市への若年層の流出が続き，家族の介護力は脆弱化し，家族介護は困難な状況となっている。また，介護の重度化，長期化が重なり，老人が老人を介護する「老老介護」の状況にもある。高齢者単身世帯「独居老人」では，在宅介護サービスを受け続けることも困難であると推察される。

　これまでの施設の持つ機能，形態，役割など時代とともに変化しているなか，鹿児島県における高齢化の特殊性や地域性，特に離島での福祉の在り方などを考慮に入れると，高齢者福祉施設は，在宅サービス事業所や地域密着型施設との事業所間ネットワークの構築や相談機能の充実など地域の拠点施設として積極的な役割がますます重要となってくる。

(1)　この将来ビジョンは2007年11月に作成された骨子案をもとに，2008年1月，県下7か所の地域振興局で，地元有識者と地域振興局長，会場参加者等が意見交換を行い，それらの意見を集約して作成したものである。
(2)　認定率とは，第1号被保険者に対する要介護認定者の割合をいう。鹿児島県は

認定率も高い傾向にある。
⑶　第1号被保険者一人当たりの費用額について，全国を100とした場合の，鹿児島県の割合である。
⑷　経過措置は，2009年4月当時の厚生労働大臣の肝いりで始まったが，「要介護認定の見直しに係る検証・検討会」の意見を受け，2009年9月で終了した。この検討会の結果，認定調査の判断基準が再度変更になった。その結果，認定調査員，介護認定審査会委員ともにテキスト改訂や再度の研修会の受講など，現場は混乱し，関係者に大きな負担がかかった。
⑸　『鹿児島県史』第六巻，第20章，461頁。
⑹　坪山　孝「グループホームとユニットケアの有効性」秋山智久・井岡　勉・岡本民夫・黒木保博　同志社大学社会福祉学会編『社会福祉の思想・理論と今日的課題』筒井書房，2004年，208頁。
⑺　WAMNET　全国事業者情報，WAMNETに提供された事業所・施設数の集計値。
⑻　坪山　孝，前掲書，203頁。
⑼　自己評価―事業者自らが現状を多角的に分析して質の向上のために評価を行うこと。
　　外部評価―外部の第三者による客観的な観点から評価を行うこと。
⑽　利用者本人やその家族に対して拘束に関する説明，承諾，様態の記録，廃止への取り組みなどが義務づけられている。
⑾　「鹿児島県内の介護施設等に勤務する介護職員の勤務状況等調査」鹿児島県介護保険課　2008年4月実施。
⑿　施設利用者の食費・居住費の自己負担分を含む。
⒀　鹿児島すこやか長寿プラン2009。

■参考文献

鹿児島国際大学大学院福祉社会学研究科『2008年度大学院プロジェクト研究報告書～地域包括支援センター活動実態と課題～』2009年。
小松啓・春名苗編著『高齢者と家族の支援と社会福祉』〈シリーズ・ベーシック社会福祉〉ミネルヴァ書房，2008年。
三浦文夫・橋本正明・小笠原浩一編『社会福祉の新次元』中央法規，1999年。
秋山智久・井岡　勉・岡本民夫・黒木保博　同志社大学社会福祉学会編『社会福祉の思想・理論と今日的課題』筒井書房，2004年。
鹿児島すこやか長寿プラン2009。

小笠原祐次『生活の場としての老人ホーム』中央法規，1999年。
全国社会福祉協議会　全国老人福祉協議会編『全国老人福祉施設協議会六十年史 激動の十年』1993年。
鬼崎信好，増田雅暢，伊奈川秀和，平田直之編集『介護保険キーワード辞典』中央法規，2004年。
老人保健福祉法制研究会編『高齢者の尊厳を支える介護』法研，2003年。
社会福祉辞典編集委員会編『社会福祉辞典』大月書店，2004年。

第4章 障害者福祉

1　三障害と自立支援法

　障害者福祉サービスにおいても2003年4月に介護保険同様，措置から契約へとのキャッチフレーズで「支援費制度」がスタートしたが，大幅な財源不足などを背景にわずか3年で制度が見直されることになった。そして，2006年4月から障害者自立支援法（以下，自立支援法）がスタートして，現在に至っている（**表4-1**参照）。

　この間，さまざまな動きがあった。法の施行直後から障害者や関係者から否定的な意見が相次いだ。特に1割の利用者負担には，厳しい意見が寄せられ，利用者負担の重さから，福祉サービスの利用を断念したり，回数を減らしたりする人も出てきた。また，サービス提供事業所に対する報酬支払い方法が月払いから日払いに変更されたり，一部のサービスでは事業費単価も切り下げられた。そのため，大幅な減収に陥り経営が悪化する事業所も現れた。

　さらに，三障害が同じ基準で程度判定されるため，障害別での程度が認定で不平等が起こるのではないかとの声も数多くもあった。そもそも障害程度区分自体が介護保険認定区分のフレームを使っていることから障害者の程度判定に合わないとの声も出され，見直しの必要性が叫ばれた。就労後のサポートが手薄いことが不安視されている就労支援体制の問題，法の理念にも掲げられているにも関わらずなかなか進まなかった自立支援協議会に代表される地域生活支援のあり方など，自立支援法への疑問，不安，批判は多くの場面で指摘されるようになっていった。

　このような背景を踏まえ，2007年度の「特別対策」，2008年度の「緊急措置」を経て，2009年の4月から「自立支援法の抜本的見直し」がスタートした。ところが，今回の見直しには法改正しなければ対応できないもの，政省令や通知など，法改正せずとも対応できるものが混在しており，制度を利用している人からは非常にわかりにくくなっていた。さらに，法改正を必要とする事項についても，事実上，政省令や通知で対応されている部分もあり，それが混乱に拍車をかけた（**表4-2**参照）。

　これは，自立支援法が制度実施のルールを政省令や通知などに委ねている

表 4-1　障害者自立支援法見直しまでの経緯

2003年4月	支援費制度がスタート
2004年3月	大幅な補助財源不足が明るみに
10月	「障害福祉のグランドデザイン」公表
2005年10月	自立支援法が成立
2006年4月	自立支援法がスタート（一部施行）
2007年4月	利用者負担の軽減措置などを盛り込んだ「特別対策」がスタート
2008年4月	さらなる利用者負担の軽減措置などを盛り込んだ「緊急措置」がスタート
4月～12月	自立支援法見直しに向けた審議会の議論がスタート
2009年3月	自立支援法改正案を国会に提出
4月	自立支援法抜本見直しがスタート
7月	自立支援法改正案は議論されることなく廃案となり衆議院解散総選挙へ

表 4-2　障害者自立支援法の見直し

項目	主な見直し点
利用者負担	現在の一割負担を，負担能力に応じた負担（最大でも1割の応能的負担）へ転換
学齢期支援	児童福祉法を改正し，学齢期を中心に支援する児童デイサービスを創設。また，障害児通所施設の窓口を都道府県から市町村へ移管
グループホーム・ケアホーム	事業費の引き上げに加え，在宅生活の人も利用可能な体験利用制度を創設。ただし，消防設備や建築基準など，自立支援法以外の問題が山積み
自立支援協議会	現在のところ法的な位置づけが不明確なため，法律に位置づけを明記
相談支援	サービス利用計画作成費の対象を拡大し，市町村に総合的な相談支援センターを設置するとともに，支給決定前にサービス利用計画を作成するよう，プロセスを変更
障害程度区分	名称を「障害支援区分」に変更した上で，区分判定の聞き取り項目も抜本的に見直し。また，支給決定の際には生活環境なども考慮することを法律上明記
利用対象者	現在，事実上サービス利用対象となっていない発達障害や高次脳機能障害も対象となることを法律等に明記

ことが原因だと考えられる。このことは，制度の柔軟運用にはプラスだったが，一方で仕組みの複雑さ，わかりにくさを招き，多くの人が自立支援法を身近に感じられない大きな要因となったことも否定できない。

衆議院の解散により，自立支援法の改正案は廃案となった。そして，2009年8月30日に衆議院の総選挙が行われ，総選挙の結果，民主党が大勝し，自公連立政権に変わり，民主党が第一党となって政権交代することになった。本稿執筆時点では選挙結果以上の情報を得ることはできないが，民主党が掲げたマニフェストでは自立支援法は廃止にし，一から議論し直して，新たに「障がい者総合福祉法（仮称）」の制定を目指すことが謳われている。今後の障害者福祉施策は転換されることになろう。しかし，政権の枠組みがどうあれ，障害のある人にとって福祉制度が障害者の実際の生活と乖離すること，「身近」でないことは，大きな問題である。今あらためて，日々の暮らしと福祉制度のつながりを強く感じ議論する時期に来ていると考える。

政権交代によって，障害のある人の暮らしにも新しい動きがあるのではないかと期待されている。

そこで今回は，民主党がマニフェスト等で示した福祉・労働・教育などの施策のうち，特に障害のある人に関連の深い部分を検証してみたい。

福祉サービスの面では，先述の通り，障害者自立支援法（自立支援法）の廃止を含めた大改正も考えられる状況となった（**表4-3**参照）。

まず，法律の名称が「障害者自立支援法」から「障がい者総合福祉法（仮称）」へ見直す方向が示されている。支援費制度からわずか10年足らずで3度目の制度変更となる可能性がある。

障害程度区分（程度区分）については，廃止される見込みだ。これに代わって，「サービス支給にかかるガイドライン（仮称）」に基づき支給決定案が作成され，地域ごとに設置される「障がい者サービス委員会（仮称）」において審査，決定される仕組みとなりそうだ。

程度区分については，判定に用いられる聞き取り項目が障害のある人にマッチしておらず，改善が求められている。その意味で，程度区分そのものを廃止してしまう選択肢も考えられる。ただ，仮に程度区分を完全に廃止するのであれば，国から市町村への負担金（補助金）配分やサービス事業費の設

表 4-3　福祉サービス見直しのポイント（主なもの）

	廃案になった自立支援法改正案	民主党案
法律の名称	障害者自立支援法	障がい者総合支援法（仮称）
障害程度区分	判定に用いる聞き取り項目を大幅に改正し、名称を「障害支援区分」へ変更	障害程度区分は廃止。サービス支給にかかるガイドライン（仮称）に基づき支給決定案を作成
制度対象者	発達障害、高次脳機能障害を対象とすることを明文化	発達障害、高次脳機能障害に加え、難病や内部障害も対象とする
障害児支援	児童デイサービスを児童福祉法へ移管し、通所タイプのサービスは市町村が支援主体となる	障害児関連のサービスは全て障がい者総合福祉法（仮称）で管轄し、全サービスで市町村が支援主体となる
利用者負担	実質的な応能負担（補装具は合算するが、自立支援医療は合算しない）	応能負担（補装具、自立支援医療相当サービスについても合算）

＊民主党案は、同党『障がい者制度改革について』（2009年4月8日）を中心に考察。

定などのために新たな指標を開発しなければならない。また、客観的な指標がない場合、「生活環境」や「支援の必要性」などの聞き取り結果が、支給決定に直結するものと思われる。しかし、そのような内容を障害のある人から短時間で聞き取るためには、高いスキルと配慮が不可欠である。福祉サービスのニーズ調査を行う「ソーシャルワーカー等調査専門員（仮称）」を設置する方向が示されているが、実効性のある、実践重視の人材養成が期待される。また、困り感や支援の必要性を訴える力が弱くとも、必要なサービスを活用できる仕組みづくりが必須になる。とりわけ知的障害のある人には、自己選択や自己決定を手助けし、さまざまな支援サービスを的確にコーディネートする視点が重要であることを忘れてはならない。

　制度対象者については、従来の三障害に加え、発達障害や高次脳機能障害、さらには難病や内部障害（内臓機能に障害のある人）も対象となる見込みで

ある。これにより，福祉サービスにおける「制度の谷間」が解消されることが期待される。これに関連して現行の障害者手帳制度に代わる「社会参加カード（仮称）」を交付する方向も示されている。その内容は不明だが，現行の手帳同様，JRや路線バスの割引などを受けられるようにすることが期待される。

　障害児支援については，支援の根拠法を「障がい者総合福祉法」として，支援主体を市町村へ一本化する方向が示された。しかし，障害児は障害者である前に児童であり，支援のベースは他の子どもと同様に児童福祉法とした方がいいとの意見も多く聞かれる。その上で，障害特性に応じた特別な支援が必要な場合には障害福祉サービスを活用する対応が考えられる。すべてを障害福祉サービスで対応してしまうことで，「共生社会」の実現を遠ざけてしまうとの懸念もある。

　利用者負担については，批判が多かった「一割負担」を廃止し，「応能負担」とする方向となっている。自立支援法においても，現在はかなり応能負担に近いレベルまで完成されていることから，引き続きこの水準が維持されることが当事者団体からも期待されている。

　利用者負担の軽減は，現時点では実質的に所得保障の代替措置であると考えられる。十分な所得保障がなされていない状況であるにもかかわらず，所得の低い人の負担感が大きい一割負担を導入したことに問題があったのであっとの声も強く，職場定着支援の抜本的強化による就労所得の拡充と，障害基礎年金の引き上げによる十分な所得保障が必要と野声も強い。

　いずれにしても，現状では制度の全体像も十分議論されておらず，抜本的な制度改正をめざすのであれば，自立支援法を十分な議論なしに新法へ移行すべきではないと思われる。また，平成20年度中に社会保障審議会障害者部会で議論されてきた成果を全く無駄にすべきでもなく，活用することも大切であろう。障害のある人が地域で当たり前に生活する社会を目指す，という基本理念に大きな相違はないので，当面の対応として今一度，自立支援法の問題点を検証し，いい面は活かしつつ改正することが必要と思われる。

2 事例　身体障害者福祉

> **ナイスハートバザール・イン鹿児島**
> 定期的に地元老舗百貨店と協力して
> 開催する取り組み　　鹿児島県授産施設協議会

(1) はじめに

　鹿児島県における都道府県単独バザール実施は，平成22年の2月で22回目になる。鹿児島県内の授産施設製品のPRや共同受注・共同販売の促進を目的に開催している。

　県内の老舗デパートとの協力関係が本県のバザールの大きな特徴である。他の都道府県でも，会場を手配する際に，県内のデパート等の催事スペースを借りる場合もあると思うが，本県では単純に催事スペースを会場として借りるだけではなく，実際の販売や広報等幅広く関わっていただいている。

　以下，流れに沿って説明する。

(2) 開催に向けての準備
　　　　　──実行委員会の立ち上げ──

　バザールの開催に向けて，実行委員会をまず立ち上げる（図4-1参照）。この委員会は，鹿児島県授産協の会長が委員長となり，参加施設の代表者を中心に構成している。また，そのもとに，総務部，広報及び管理部，事務局を設置し，それぞれの業務を進める。総務部は全体の総括を担当している。広報及び管理部は，報道機関への取材のお願い，開催期間中の店頭責任者の選出等を行う。また，事務局は，開催当日までの事務処理全般，売上高の精算事務，デパート及び関係機関との連絡調整，搬入・搬出全般，テレビ局（南日本放送：MBC）へのCM依頼等多岐に渡る業務を担当している。

図 4-1　実行委員会組織図

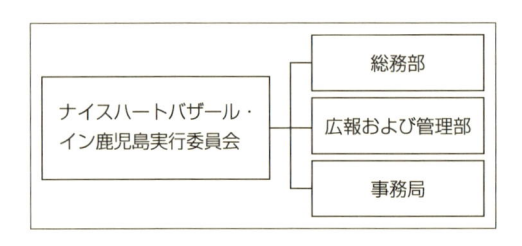

```
┌─────────────────┬──── 総務部
│ ナイスハートバザール・ │
│ イン鹿児島実行委員会  ├──── 広報および管理部
│                 │
│                 └──── 事務局
└─────────────────┘
```

（3）　開催の時期及び会場

　バザール開催の当初からデパートの会場を借りて開催している。しかし，参加施設数が増える等バザールの規模も徐々に大きくなった。デパートの催事スペース等を会場にするメリットの一番大きなものは，集客力があるということである。また駐車場も整備されているため，お客様の利便性にも十分配慮できる。

　また，開催の時期は，なるべく多くのお客様に来ていただきたいということで，お歳暮の時期にお願いしている。しかし，バザール自体の認知度・集客力が増すにつれて，デパート側もバザールに期待をすることになり，現在では，デパートの閑散期である2月に開催時期が定着してきた。

（4）　広告・宣伝に関する工夫

　広告宣伝は，バザールの売り上げを左右する非常に大切なもので，力を入れている。

　まず，マスコミを活用したものがあり，有料のものでは，テレビスポットを流している。また，テレビ，新聞，ラジオ等各種報道機関にはPRも含めて取材依頼をしている。この宣伝効果は非常に大きなもので，各報道機関のニュース番組でバザールの状況が紹介されると，2時間後にはお客様が急に増えることがある。

　また，ポスターやチラシの配布も併せて行っている。さらに参加施設単位で，チラシの配布，ポスターの掲示等をしている。また，会場となるデパートにも，ラジオや新聞を使った宣伝，ダイレクトメールの発送等を行っていただいている。

（5） 商品の選定・検収

　以前は，お歳暮の時期に開催することが多かったので，お歳暮に適した商品をそろえるようにしていた。例えば，開催時期にあわせて，メロンを出せるように，種まきの時期を逆算して栽培を始めることもあった。現在は2月に開催することが多くなったので，このバザールに向けて計画的に製品を作っている。また，売上目標を設定し，参加施設に対しては，それが達成できる商品を揃えるようにしている。

　そうした取り組みの甲斐もあって，バザールで販売している商品は良い品質のもの，という評価を得ることができている。

（6） 会場設営・集客に関する工夫

　商品の陳列等については，花や生鮮品などを入り口に配置するなど，お客様が入ってきやすい雰囲気作りをしている。

　その年々で変化しており，来場されたお客様に先着で花の苗の配布を行うことや，来場記念品等を節目の年に配布したり，会場内に休憩スペース，施設紹介のコーナーや食品の試食コーナー，実演コーナー等を設置し，お客様に買い物を楽しんでいただく雰囲気作りをしている。

（7） 販売にあたっての取り組み

　実際の販売を行うスタッフは，参加施設がそれぞれ確保するのが原則で，利用者も売り手として参加している。また，実際の販売にあたり，デパートスタッフから販売及び接客の指導を受けている。さらに，レジ等についても，デパートの協力をいただいている。

　なお，バザールで商品を購入されたお客様が商品に関する問い合わせができるよう，ラベルに製造・販売元を必ず記載するように参加施設に徹底している。あわせて，参加施設毎にパンフレットや注文票を用意するなど，バザール終了後も継続して購入できるようにしている。また，バザール開催期間中には，通常の販売価格より安い価格での提供等も行っている。

(8) バザール開催の評価

　当初はお歳暮の時期にバザールを開催していたということもあり，贈答用に商品として購入してくださるお客様も多くいらした。そのときに，商品用の包装紙として，参加施設側が用意したものではなく，デパートの包装紙を使うことができた。商品を贈るお客様もそれを受け取るお客様も，その老舗デパートで購入したものだという安心感がうまれる。そうした老舗が築き上げてきた「信頼」があり，商品購入につながっていた部分が当初はあったと思う。贈答用の品として，包装紙を用いることができたのは，非常に大きな効果があった。

　こうした包装紙を利用するということもあり，商品に対する苦情もデパートが全面的に責任をもって対応してくれることになっている。しかし，そうしたデパートの取り組みに応えるためにも，商品管理などを徹底したため，苦情は実際にはない。デパートではこのバザール以外にも，多くの催し物があるが，必ずなにかしらの苦情が発生しており，このバザールについては，苦情がないということで高い評価をいただいている。

　こうした包装紙の利用や苦情対応等を含めた全面的な支援があるため，当初販売に関する手数料が高いという声も参加施設からはあったが，現在では聞かれなくなった。

　また，先ほどもふれたが，バザールで販売している商品の良さ等もあり固定客がつき始め，このバザール自体に集客力がついてきたことも高く評価されている。そうした経緯もあり，現在はデパート閑散期である2月に開催をしている。

(9) バザール開催効果

　バザール開催の効果は，これまでの準備等の取り組みの中で紹介しているが，それとは別に参加する授産施設，また利用者の立場に立って，少し上げたい。

　まず，参加施設にとっては，県内施設が年に一度集まって，お互いの商品や取り組みに刺激を与えながら関わることができていること，さらに様々な情報交換ができることが大きな効果である。また，こうしたバザールで多

くの県民に来ていただくことにより，授産施設とその製品，また鹿児島県授産協の認知度が高まることや，バザールに出展することによって，販売している商品に企業が注目し，発注される等販路拡大にもつながるケースもある。

　また，利用者にとっては，売り場に立ち販売をするということは非常に大きな効果がある。自分たちが作った商品をお客様がどのように感じ受けとめ売れていくのか，これを「売り手」として関わることで，次に商品製作の意欲につながっていく。その一方で，バザールの「来場者」としての経験も大きなものとなった。利用者にとってはバザール，そしてデパートのお客として，買い物をすることもひとつの楽しみになっている。そうしたことを毎年積み重ねてきたことによって，デパートで障害のある方が買い物をしている姿が当たり前のものとなってきている。また，利用者の買い物がデパートの売上に協力することにもなろう。

（10）　今後の課題

　これまで，デパートの協力をいただきながら，定期的に実施することができ，お客様にも好評をいただいている。そして，このバザールを楽しみにしているお客様，固定客も着実に増えている。前回購入して良かったから，と再度来場いただくお客様のために，好評だった商品を揃えることと，またそうしたお客様を飽きさせないためにも，新しい商品開発も一つの課題である。

　また，これまで長い年月をかけて取り組んできたことが，デパートとの良い協力関係を築き，お客様からも信頼を寄せていただいている。授産施設，その商品・製品，授産協の取り組みへの信頼があって今のバザールが成り立っている。

　そして，バザール開催の目的でもある授産施設製品をよりよく理解していただき，利用者の工賃アップにつながる取り組みとして，今後も継続していきたいと考えている。

3　知的障害者福祉

　平成18年4月に施行された障害者自立支援法は，制度上の不備についてさまざまな問題点が指摘されているものの，その目的が「障害の有無に関わらず国民が相互に人格と個性を尊重し安心して暮らすことのできる地域社会の実現に寄与することを目的とする。」とされていることは，ノーマライゼーション理念の実現を目指している点で正しい方向性を示しているといえる。本節では，ノーマライゼーション理念の実践活動として，知的障害児者及びその家族に対する地域生活支援，就労支援等の実践事例について報告することとしたい。

(1)　知的障害児者及びその家族に対する地域生活支援の実践事例
　　　──あさひが丘学園──
①　地域生活支援を行う上で目指すべきもの

　鹿児島市皆与志町にある知的障害児者施設あさひが丘学園は，昭和33年5月の開設以来，知的障害児者に対する入所施設支援を中心に行ってきたが，平成16年4月に地域支援室を設置し，知的障害児者の地域生活支援を本格的に行うこととした。知的障害があっても地域や家庭で生活している方々が，福祉サービスを利用することでより充実した生活を送ることができるよう，また一日でも長く地域や家族の中で暮らしていくためには，総合的な地域生活支援体制を構築していくことが必要であると考えたからである。あさひが丘学園の基本理念である「共生と共創」（知的障害を持つ人々と共に生き，共に創る社会をめざす）を基盤として，単発的・細切れのサービス提供にとどまるのではなく，利用者のニーズを把握した上で，さまざまなサービスを総合的に提供するマネジメント機能を果たしながら，地域で生活している利用者や家族が望む生活を支えていきたいと考えている。

②　あさひが丘学園のサービス内容

　地域で暮らしながら福祉サービスの利用を希望される方には，社会福祉士

等の有資格者である相談支援専門員が随時相談支援（指定相談支援事業所）を行っている。利用者本人や家族からの療育に対する相談，制度上のこと，将来の進路等生活上の困りごと全般について聞き取りを行い，意見交換を行いながら地域生活を継続するための手段として個々の状況に応じた福祉サービスの提案を行う。

施設系サービスとして，あさひが丘学園（知的障害児施設），あさひが丘学園成人部（知的障害者更生施設）があり，地域での生活が困難な利用者の生活を支えている。また，自活訓練事業の活用により地域生活を希望し，その実現が可能な利用者については地域生活への移行を支援している。

通所系サービスは，あさひが丘学園成人部の通所部，日中一時支援，児童クラブの三種類であるが，それぞれが特別支援学校卒業者の受け入れ先，学校が休日（長期休暇含む）となる余暇や家族のレスパイト，学校終了後の預かりの場となっており，利用者が充実した時間を過ごすことで家族との良好な関係を築くことができるため，地域での生活が可能となる大きな力となっている。また，利用者を中心として，家族・学園の三者が一体となることで，次々と起こる心配事についても共に考えながら利用者の成長を支えている。

訪問系サービスとしては，居宅介護，行動援護，移動支援があり，いずれも登録ヘルパーを派遣し利用者と個別に関わることで利用者や家族のニーズに応えている。

居住系サービスは，地域で生活している知的障害者の家族にとっては命綱とも言える短期入所，入所施設を退所し地域で生活する場所としてのグループホーム，ケアホームがある。あさひが丘学園の入所利用者が，どのような形であれば地域生活に移行することができるのか個人ごとに地域生活移行計画を作成しグループホーム，ケアホームへとつなげている。

上記のサービスを提供しつつ，利用者が自分の生活を自分の望むスタイルで送ることが出来るようケアマネジメントをしながら，知的障害者の地域生活支援を行っている。

③　地域生活支援サービスを利用しながら家庭生活を維持している事例

あさひが丘学園の児童クラブ，日中一時支援，短期入所，行動援護，移動

支援を利用しているA君・B君兄弟は，特別支援学校高等部に所属しており7年ほど前から当園の福祉サービスを利用している。二人は行動上多くの場面で配慮が必要であり，母親のみの対応では困難な場面も増えてきている。家庭の中で少しでも長く共に暮らしたいという両親の思いから，複数のサービスを利用しながら地域生活を続けている。

　現在，A君・B君は学校下校時にサポートが必要な場合は児童クラブを利用し，学校休業日（土・日・祝日・長期休暇）には日中一時支援か行動援護，移動支援を利用している。日中一時支援では，一日を通してスタッフや他の利用者との関わりを楽しみ，行動援護，移動支援ではヘルパーと共に主に公園や公共施設等に外出することで余暇時間を過ごしている。その間，両親や他の兄弟はA君・B君にかかりきりになることなく，通常の家族としての休日を過ごすことが可能となっている。また，父親の不在時や家族の行事の際には，短期入所サービスを利用することで，障害がある子どもがいても家族が普通に地域生活を送ることができるという状況を作りだしている。

　相談支援専門員が本人や家族のニーズを十分把握した上で，それぞれのサービス特性を生かしたケアマネジメントを行い，家族の負担を軽減することで家族との生活が継続できるためのサポートをしている。現在，父親からの依頼によりA君・B君の高等部卒業後の進路についても検討する機会を設け，数回にわたり意見交換を行っている。今後もA君・B君の成長を家族とともに見守りながら必要な援助を続けていきたいと考える。

④　入所施設から地域生活に移行した事例

　あさひが丘学園がバックアップしているケアホーム「つばさ丸」を利用中のCさんは，療育手帳A2，障害程度区分4の認定を受けている。あさひが丘学園成人部を利用時に，ケアホームへの移行検討会議で，言葉でのコミュニケーションが困難であり，思い込んだら他者の意見が入りにくいCさんが，仲間とともに地域で暮らす事が可能であろうかという議論になった。Cさん自身は障害は重くとも，自分の世界を持ち言葉で表現できない思いを独自のイラストで周囲の人に伝えることができる。何らかのサポートがあれば，自分のペースを崩すことなくケアホームでの生活が実現できるのではないかと

の思いから，あさひが丘学園内の自立訓練棟（「あしたば館」）で1年間3名の仲間とともに生活訓練を行った。1年後の平成19年6月「つばさ丸」開所とともに，成人部を退所しホームへと生活の拠点を移し，日中はホームから成人部の通所部へ通うこととなった。ホームに移ってからは世話人や生活支援員の支援を受け，他の利用者と助け合いながらホームでの生活を楽しんでいる。また，通所部での訓練を経て平成19年12月から，仲間と共に就労継続支援B型事業所へバスと市電を乗り継いで週に3回ほど通い，工賃も支給されるようになった。休日は仲間とともに近くのスーパーへ外出をしたり，大好きなゲームをしながら余暇時間を過ごしている。Cさん本人はもちろん家族も大変喜ばれ充実した地域での生活を送っている。

　各ホームでは，近隣の方に世話人を引き受けてもらうことで，ホームの利用者との親睦や理解を深めることにも繋げている。また，利用者が積極的に地域の行事に参加できるようにサポートを行いながら，あさひが丘学園の基本理念にもあるように，知的な障害があっても共に地域社会の中で生き，また新しい社会を共に創る仲間として地域の中で彼らの居場所を確立しているところである。瞳を輝かせながら地域で暮らす利用者が増えることで，障害のあるなしにかかわらず同じ「人間」として共に生きていくことが当たり前になる社会を目指したい。

（2）　知的障害者に対する就労支援
　　　──障害者自立支援センターハーモニー──

　鹿児島県南九州市にある知的障害者授産施設知覧育成園は平成5年の開設以来，知的障害者の就労支援に積極的に取り組んできた。平成7年に3名の利用者が一般就労したのを皮切りに，毎年数名の利用者が一般就労や地域生活に移行している。それらの実績を踏まえ，平成19年に開設した「障害者自立支援センターハーモニー」の取り組みについて述べてみたい。

①　障害者自立支援センターハーモニーにおける就労移行支援事業の状況
　ハーモニーは，平成19年4月，鹿児島市坂之上に就労移行支援事業18名，自立訓練事業（生活訓練）12名の定員30名で開所した（開所時平均年齢27歳）。

新規の利用相談を受けた際は利用者の障害特性やニーズ等を把握し，利用者と家族には十分に事業を理解していただくように心がけたが，開設当初は特別支援学校の新卒利用者が多かったため，学生気分を払拭することを優先課題とし，基本的な労働習慣や社会人としての自覚を養っていくプログラムを中心に組み立てていった。

　平成19年8月に，雇用を前提とした動きが初めてあった。当事業所と企業とが連絡を取り合う前に家族が事前に企業と打合せを行っているケースではあったが，結局，実習制度を利用し，トライアル雇用を経て，当事業所として初めての一般就労者を出すことができた。9月には，障害者合同就職面接会の参加に向けて，約2か月間面接の練習や履歴書作成など重点的に支援を行った。結果として，1名の利用者が県内大手スーパーへの就職を前提とした実習を行うこととなった。10月には，就労移行支援事業利用者は19名になり，施設内での就労講座・訓練，実習生の施設外支援などを行い，また，日頃からのネットワークや情報の収集により，一人でも多くの就労に結びつける機会を心がけ，情報が入れば雇用を前提とする実習を受け入れてもらえるように事業所への依頼を行った。それらの支援の成果により，平成20年2月には2名の利用者が雇用を前提とした実習を行い，トライアル雇用を経た後，2名とも採用に至ることができた。

　平成19年度の就労状況は，一般就労3名，福祉的就労として就労継続支援事業A型1名，就労継続支援事業B型5名であった。

　平成20年度には，前年度の一般就労や福祉的就労への移行により就労移行支援事業利用者数が11名に減少した。新規利用者の情報も少なく，特別支援学校卒業者も就労移行支援事業への希望が少なかったため，平成20年5月に定員変更を行い，就労移行支援事業は定員を18名から12名に変更した。また，平成19年度からのトライアル雇用実施の利用者2名の採用も決まり，更に利用者数の減少となった。

　平成20年度の就労状況は，一般就労3名，就労継続支援事業A型1名であった。就労移行支援事業の原則2年の利用期限を迎えるに当たり，家族の事業利用の選択が迫られ不安な日々が続いたが，結果としては，当初利用者全員の就労移行先等を決めることができた。しかしながら，利用者の就労移

行の実現に伴い，当事業所の就労移行支援事業利用者は減少し，平成21年度の就労移行支援事業の定員は12名から6名に2回目の定員変更をすることとなった。

② 今後の課題

これまでの2年余りの就労移行支援についての取組みを振り返ってみると，開設当初は鹿児島市内に就労移行支援事業所の数も少なく，関係機関や特別支援学校との連携を通じて，新規利用者の確保もできていた。しかしながら，就労移行する利用者が増えると事業所の利用者が減る（つまり，事業目的を達成すればするほど事業経営は厳しくなる）という逆説的な結果を招くということと，多くの利用者や家族は安心感や安定感を求めて，施設や事業所を選択しているように感じられ，有期限のサービスで雇用後のサポートの保証もない就労移行支援事業へのニーズは薄れていったように感じる。

また，企業においても景気悪化の影響を受け，新規雇用も進まない状況ではあるが，都市部のように大企業が少ない中で，地方での安定した障害者雇用の場を確保することが大きな課題となっている。また，就労した利用者の定期的なフォローアップのニーズも徐々に増えてきており，一般就労を継続させるための今後の課題となっている。

障害のある方々が就労するためにたくさんの苦労や努力を重ね，就労が決まっても昨今の雇用環境の中，家族や利用者の不安感は続く。障害のある方々が働ける環境や制度をもっと整備し，障害の程度に関係なく働ける社会になるよう願う。

(3) 民間企業における知的障がい者への就労支援
―― 鹿児島銀行 ――

鹿児島銀行では，2008年4月に知的障がい者雇用事業を開始，専用事務所「ジョブセンターさわやか」を開設した。当行では従来より，「障害者の雇用の促進等に関する法律」によって定められた法定雇用率を達成していたが，身体障がい者の雇用に限られていた。

本事業では，全国的に雇用促進が図られていない知的障がい者の雇用に新

たに取組むことで，知的障がい者の雇用に係るノウハウを吸収・蓄積し，これを地域の企業に還元していくことを目指している。

① 雇用事業の目的

当行が本事業を開始した目的は，障がい者の自立支援，地域社会における雇用機会の拡大，の2点である。自立支援については，社会常識，ビジネスマナー・職場ルール，働く喜びと責任，忍耐力等の社会性を身につけてもらい，社会人として自立した生活を可能とすることを目指している。雇用機会の拡大については，より多くの知的障がい者に就業支援機会を提供し，地域における知的障がい者の雇用環境の向上に寄与すべく，永年雇用ではなく，雇用期間を最長3年とし，一般企業への就職を目指している。当行が3年間で育成した人材を，地元企業や新たに障がい者雇用に取組む企業に，蓄積したノウハウとともに送り出すことで，知的障がい者雇用について啓発・普及させていくことを目的としている。

② これまでの取組み

採用については，2008年，2009年とハローワークを通じて紹介を受けた対象者を面接により選考し，障害者職業センターでの訓練やトライアル雇用を経て，採用者を決定した。さらに，次年度へ向けては，選考段階に当行での実習を取り入れている。

現在，第1期生，第2期生合わせ8名の職員（以下，さわやかスタッフ）が，当行従業員の名刺印刷，パソコンでのデータ入力，伝票への押印等簡易事務作業，各営業店へのパンフレット等発送業務，店舗外ATMコーナーの清掃作業等に励んでいる。センター内での業務だけでなく，関係部署に出向いて行員とともに業務を行うことが特色で，コミュニケーションの機会を提供している。

また，第1期生のうち2名は，2009年8月より3か月の予定で，鹿児島市内の介護施設で実習を行う等，一般企業への次なる就職を目指した実践的な取組みも始まっている。

さわやかスタッフたちからは，自ら業務ができるようになった達成感，周

囲から感謝されるうれしさ等が芽生え，保護者からも，「明るくなった」，「楽しそうに出勤している姿を見て安心した」，「社会人としての意識が出てきて驚いている」等の言葉をいただき，これまでの取組みに一定の手ごたえを感じているところである。

③ 今後の課題

　本事業の最終的な目的は，地域社会における雇用機会の拡大であり，そのためには地元企業の啓発や受入先企業の拡大が必要となる。今後，地元企業に対し，障がい者雇用に関する意識ヒアリングやノウハウ提供，受入要請等に注力していくが，当行だけでの取組みでは難航することも予想され，行政他各関係機関の協力も得ながら活動していくことが必要だと考えている。

　まだまだ試行錯誤の連続ではあるが，是が非でも成功させ，当行の企業理念の一つである「地域貢献」を実践していきたい。

4 精神障害者福祉

(1) 精神衛生法から精神保健福祉法・障害者自立支援法まで

　第2次世界大戦後の日本の精神医療は1950年に成立した精神衛生法から始まる。この法律は医療の提供と保護を目的としたものであった。また，保護義務者という言葉を使い家族に対して保護者としての義務を求めた。その後1984年，職員の暴力によって入院患者が死亡する，患者の金銭を使い込むなどの事件を報徳会宇都宮病院が起こした。この宇都宮病院事件は国連人権委員会でも取り上げられ「日本の精神障害者は虐待されており，不当な入院を防止するための手段がなく，市民的および政治的権利に関する国際規約の第9条1項などに違反する医療が行われている」と声明を出した。この事件を機に1987年精神保健法が制定された。この法律で初めて精神障害者本人の意思による任意入院制度が生まれた。さらに入院時に書面によって権利等の告知を受ける制度が設けられた。そして強制入院させられた精神障害者の人権擁護のために入院の必要性や妥当性を審査する精神医療審査会が各県に設置されることになった。また，精神障害者の社会復帰施設に関する規定

が設けられた。これは，入院中心だった日本の精神科医療がこの法律を機に社会復帰を目指すことになったことを表している。社会復帰対策費も1987年では約6億円であったが1994年には約35億円になっている。

1993年に障害者基本法が制定され初めて精神障害者も身体障害者や知的障害者と同じ障害者であることを位置づけた。

1995年には「精神保健および精神障害者福祉に関する法律（以下精神保健福祉法）」が制定された。この法律では「自立と社会参加の促進のための援助」「保健及び福祉」が加えられた。この法律は精神障害者を医療と福祉の両方で支える事を今まで以上に明確化した法律として画期的なものであった。

同じく1995年「障害者プラン～ノーマライゼーション7カ年戦略～」が発表された。1996年から2002年までの7か年に達成すべき内容と数値目標が示された。その結果。精神障害者社会復帰施設は1996年から2006年の間に約3倍を超えた。しかし，市町村に設置義務を課していなく地域偏在を生んだ。

1997年には精神保健福祉士法が成立した。精神障害者の社会復帰を支援することをその主要な目的として精神科ソーシャルワーカーが国家資格化された。

2004年厚生労働省保健福祉対策本部は「精神保健福祉の改革ビジョン（以下改革ビジョン）」を発表した。この中で「入院医療中心から地域生活中心へ」という基本方針のもとに社会的入院と考えられる約7万人を10年後に地域生活へ移行していくこととした。さらに達成目標として「精神疾患が生活習慣病と同じく誰もがかかりうる病気であることについての認知度を90％以上とする」「各都道府県の平均残存率（1年未満群）を24％以下とする」「各都道府県の退院率（1年以上群）を29％以上とする」とした。また，都道府県は5年毎に目標を第1期，第2期に区分し具体的な目標を掲げ医療と保健・福祉が連動した計画的な取り組みをすすめるように求めた。

2005年障害者自立支援法が成立した。2006年4月より施行された。それまで精神保健福祉法で施行されてきた精神障害者社会復帰施設は2011年までに障害者自立支援法のサービス事業に移行することになった。精神保健福祉法も改正されその目的として「この法律は，精神障害者の医療および保護

を行い，障害者自立支援法と相まってその社会復帰の促進及びその自立と社会経済活動への参加の促進のために必要な援助を行い……」と記され福祉的支援については障害者自立支援法で行う事を明記した。

(2) メンタルヘルスの現状と精神保健医療福祉の展開

2009年9月厚生労働省「精神保健医療福祉の更なる改革に向けて（以下改革に向けて）」によると日本の精神障害者は2005年には300万人を超える水準となっている。外来患者は1999年には170万人であったものが2005年には267.5万人と6年間で1.6倍となっている。平均在院日数は2006年で320日と1989年の約500日から比べれば180日も短くなっている。1999年のOECDの統計では何れも100日を下回っている。日本では，精神科病床数も2005年人口万対病床数は27.6床（厚生労働省「病院報告」）だがイギリス，アメリカ，フランス，イタリアなどは10床以下であった。日本は精神科病院の平均在院日数も人口万対病床数も国際的に見て突出している。

さらに「改革に向けて」では，日本国民の4人に1人が生涯で何らかの精神疾患になっていると述べている。自殺者も1998年から3万人を超え続けている。2008年3万2000人の自殺者を出し，2009年も昨年を超えていく勢いであり毎日約100人が自殺している。この自殺の背景にうつ病，統合失調症，依存症の精神疾患を持つものが多くいると分析している。さらに長期入院問題については「長い間，長期にわたる入院処遇を中心に進められてきており，累次の制度改正を経てもなお，早期の症状改善を図るための入院医療体制の急性期への重点化や，地域における生活を支えるために必要な医療，福祉などの支援を提供する体制の整備は不十分なままであった」と総括している。今後，医療と福祉が連携しつつ精神障害者が生まれ育ったところで精神障害者同士の支えあいを重視しながら医療と福祉が連携して支援していく必要があると述べている。

(3) 鹿児島の精神保健福祉施策とメンタルヘルス

① 鹿児島県障害福祉計画

2006年10月1日に障害者自立支援法が全面施行され2007年に鹿児島県

表 4-4　福祉施設の入所者の地域生活への移行

	移行者数	累計	目標達成率
2006年度	85人	85人	15.4%
2007年度	93人	178人	32.2%
2008年度(9/30)	64人	242人	43.8%
2011年度	552人	—	100.0%

は障害福祉計画（2008年～2011年）を作成した。この中で精神障害者施策については「受け入れ条件が整えば退院可能な精神障害者」（2004年厚生労働省精神保健福祉対策本部：精神保健医療福祉の改革ビジョン）を地域で受け入れることが可能となるように目標数値を明らかにして計画をたてた。

2006年度から2008年度（4月1日～9月30日）の実績と2011年目標についての概要を以下に紹介する。（鹿児島県の精神保健福祉2006年度及び2007年度の概要，鹿児島県障害福祉計画2009年3月より検討）

○福祉施設の入所者の地域生活への移行
3年近くで242人の地域生活への移行が進んでいる。今後，2年間で310人の精神障害者を地域移行していくためには住居の確保とサービス支援体制の充実が求められる（**表 4-4** 参照）。

○入院中の退院可能な精神障害者の減少目標値
2006年10月時点での退院可能な精神障害者を691人とした。これは精神科病への調査から出した数字である。2011年までに583人を減少させ2012年までに691人を全て退院できるようにするという目標値をたてた。2008年12月31日現在で199人が退院しそれとは別に37人が死亡退院となっている。132人が病状が変化し社会的入院から医療的入院となった。この132人の病状変化についての調査が求められる。また，精神障害者退院促進支援事業が2007年と2008年に対象者合わせて8人に行われた。これらの成果を明らかにし退院支援のノウハウとして活用していくシステムが求められる。

コラム5　精神障害者当事者支援

　鹿児島では精神科病院が運営するのではない市民運動としての精神障害者を支援する団体，あるいは精神障害者が中心となって運営する団体がいくつかある。今回，当事者が中心となって出版事業をやっている株式会社ラグーナ出版と当事者とともに当事者支援を行っている有限会社ア・ライズを紹介する。

株式会社ラグーナ出版
　2006年に「NPO精神をつなぐラグーナ」というグループが立ち上がった。スタッフは体験者（精神障害を体験した人たち），医師，精神保健福祉士，看護師などである。『シナプスの笑い』を年に3回発行している。『シナプスの笑い』（2号 2006年）で立ち上げの1人である森越まや氏（医師）は「NPO精神をつなぐラグーナ」の事を「「精神障がい」に体験者自らが表現を与え，「体験者としての知」を分かち合い，理解を深め，障がいの有無にかかわりなく各々が自分らしい生活を模索するべく，設立された。ラグーナ（潟，干潟）とは，陸と海の接戦にあり，潮が満ちれば海面下に沈み，引き汐によって姿を現し陸地となることを繰り返す境界の地だ。かっては不毛の地と考えられ，干拓や埋め立てが盛んに行われてきた。しかし，実は，そこは多様な生物が共存する豊かな場所であり，潮汐の流れと生息する生物たちによって，海水の浄化も営まれているのだ。価値観が違う人との共存は，まず相手に対して好奇心を持つ，理解したいと思う，そしてこちらの事をきちんと話す，訴えていく工夫が必要ではないだろうか。」と述べている。「NPO精神をつなぐラグーナ」は2008年5月に株式会社ラグーナ出版となった。社長は出版会社での経験もあり精神科病院で精神保健福祉士としても働いていた川畑善博氏が就任した。川畑氏は当初，編集や本のデザインについてイニシアチブをとることもあったが今では，体験者が編集やデザインについても積極的に行っている。『シナプスの笑い』は全て投稿によってなりたっている。体験者を中心としながら医師や医療スタッフも投稿している本格的な雑誌である。現在9号が発行（年に3回）されている。川畑氏は「ラグーナでは体験者の知を伝えていきたいと思っている。体験者がラグーナで働く事で誇りを持つようになった。社会的役割を持つようになる事によって彼らは回復していうる。ラグーナで働いている間，体験者の精神症状は全体として落ち着いていま

す。」と語った。体験者が自らを語り表現する場所と社会的役割を担う事ができた時にリカバリーしていくという事を改めて実感した。そして鹿児島に体験者が市民とともに作りだす新しい文化が生まれたのだ。

有限会社ア・ライズ

　有限会社ア・ライズ（以下ア・ライズ）は2004年に設立された。精神障がいを持つ人々が地域で生活していくことができるようにという思いから立ち上げられた。生活支援の方法として医療や福祉という視点ではなく企業という新しい視点で地域生活支援を果たそうとしているのが特徴である。事業の中身としては福祉サービス事業，（おしぼりやタオルのクリーニング，農作業など・当事者23名，精神保健福祉士など7名），委託事業（精神科病院内での売店の運営・当事者3名，精神保健福祉士1名），アパート管理事業（1人暮らしが可能だが保証人がいなくて地域生活できない当事者を対象にした事業・精神保健福祉士2名）がある。そして2006年4月からは鹿児島市から指定されて鹿児島市精神保健福祉交流センターの管理・運営も行っている。

鹿児島市精神保健福祉交流センター（通称はーとぱーく）：

　鹿児島市には市民である精神障害者やその家族，そしてボランティア，精神障害の無い市民と共に集える場所がなかった。当事者や家族，保健所保健師，精神保健福祉士などが鹿児島市に働きかけ続け立ち上がったものが鹿児島市精神保健福祉交流センター（以下交流センター）である。いわゆる精神障害者社会復帰施設や障害者自立支援法のサービス事業所ではない鹿児島市独自のセンターである。

　ア・ライズはこの交流センターの指定管理者に応募して指定された。4名の常勤（精神保健福祉士，臨床心理士など）と18名の非常勤（内4名が当事者スタッフ）がいる。火曜日が定休日となっている。朝9時から夜9時まで開かれている。

　ア・ライズは相談事業や地域交流イベント，講演会や勉強会などの情報提供事業，施設管理を行っている。2006年度の来所相談は1297人，電話相談は4383件だったのが2008年度には来所相談1730人，電話相談は1万5344件となっている。相談内容は精神科医療に関わること，話しを聞いて欲しいという訴え，家族の相談，ハローワークに相談に行って紹介されたという人，メンタルヘルスについての相談などである。相談者は鹿児島市だけでなく奄美や離島からの相談も少なくはない。交流センターでは

これらの相談者の問題について必要に応じて精神科医療機関や保健所，地域活動支援センターなどに繋いでいる。また，精神障害者の自助組織の支援やギャンブル依存症者のミーティングの場の提供も行っている。

大津敬交流センター所長は「ピアスタッフ（当事者スタッフ）は本当によくやってくれる。最初は戸惑いもあったが今では主体的に仕事をこなしている。苦手なこともあるが一生懸命に常勤スタッフに確認しながら業務をこなしている。仕事がストレスになっていないか尋ねたが楽しい，もっと勤務時間を増やしてほしいという言葉が返ってきた。この場所でピアスタッフは自分の事を語り回復に向かって歩み始めている。鹿児島精神医療福祉ユーザーネット準備会（自助組織）でも事務局の役割を担っている。交流センターの広報誌作りも行っている」と語った。さらに交流センターの今後の在り方として他のフォーマルなサービス機関より枠組みが広く柔軟に対応できるためにメンタルヘルスで困っている人が気楽に相談にくることができる仕掛けをもっと工夫していきたいと述べた。交流センターがメンタルヘルスで悩んでいる市民，あるいはメンタルヘルスの問題に関心のある市民，そして援助者たちが自由に交流しながら必要に応じて適切な社会資源に結びついていっている姿を見る事ができた。地域精神保健福祉の一つのモデルを提示している。

■参考文献
ラグーナ出版局『シナプスの笑いVol. 12夏号』2006年7月。

○福祉施設から一般就労への移行等

2006年度は31人が一般就労した。2007年度では40人，2008年度9月30日段階では35人となっている。障害者自立支援法における就労支援サービスの展開が背景にある。2011年には54人が一般就労することを目標としている。

② メンタルヘルスについて

2006年に自殺対策基本法を受け，2007年に「自殺総合対策大綱」が決定され鹿児島県自殺対策連絡協議会が設立された。総合的な自殺対策の在り方を官民の連携で検討を行っている。また，自死遺族会準備会が2008年に開

催された。

　高次脳機能障害者支援センター（高次脳機能障害者支援事業）が2008年9月に精神保健福祉センターに設置された。

　嗜癖問題への取り組みとしては，薬物依存症者の民間支援団体である鹿児島ダルクとギャンブル依存症の自助組織である鹿児島GAが立ち上がった。また，精神障害者の自助組織の準備会である「鹿児島医療福祉ユーザーネット準備会」が2008年に立ち上がっている。

　その他，社会的引きこもりや夫から妻に行われるドメスティックバイオレンス，親から乳幼児や児童に行われる虐待，犯罪被害者・加害者とその家族のトラウマ，飲酒運転などのアルコール関連問題，学校でのいじめや不登校，ホームレスの問題などいずれもメンタルヘルスに関わる重大な問題として取り組みが始まっているが十分な対応はできていない。今後の課題となっている。

■参考文献

京極高宣『障害者自立支援法の課題』中央法規，2008年。
坂本洋一『図説よくわかる障害者自立支援法【第二版】』中央法規，2008年。
社会福祉法人全日本手をつなぐ育成会『手をつなぐ9月号』2009年9月。
社会福祉法人全日本手をつなぐ育成会『手をつなぐ10月号』2009年10月。
特定非営利活動法人福祉21かごしま監修，伊東安男・高橋信行編著『現代社会福祉鹿児島からの発信』ナカニシヤ出版，2005年。
精神保健福祉研究会監修『三訂精神保健福祉法詳解』中央法規，2007年。
鹿児島県精神保健福祉協会実習教育班編集，岡田洋一監修『鹿児島における精神科ソーシャルワークの手引き』鹿児島県精神保健福祉士協会，2009年。
鹿児島県保健福祉部障害福祉課『鹿児島県の精神保健福祉（平成18年度及び平成19年度の概要）』2009年11月10日。
鹿児島県保健福祉部障害福祉課『鹿児島県障害福祉計画』2009年。

第5章 地域福祉

1 今なぜ地域福祉か

　現在は,「地域福祉の時代」であると言われる。これは2000年に始まった「社会福祉基礎構造改革」の一つとして社会福祉事業法が社会福祉法に改正され, 第4条並びに第10章において「地域福祉の推進」が規定されたことにも現れている。第4条では「地域住民, 社会福祉を目的とする事業を経営する者及び社会福祉に関する活動を行なう者は, 相互に協力し, 福祉サービスを必要とする地域住民が地域社会を構成する一員として日常生活を営み, 社会, 経済, 文化その他あらゆる分野の活動に参加する機会が与えられるように, 地域福祉の推進に努めなければならない」と規定されている地域福祉の推進が法的に明文化されたわけである。地域福祉重視の流れは, 地方分権の動きとも呼応している。しかし, 地方分権の動きの一方で, 地方と都市の格差や「新しい貧困」「関係的貧困」など地域の中であらたな生活問題が生じてきている。他にも地域社会では「孤独死」の問題や虐待の問題など, 関係性の希薄化も一因と見られるような問題も生じてきている。こうした動きの中で, 地域福祉の重要性が増してきている。

　「地域福祉は地方自治体問題でもある」とは右田紀久恵の言であるが, 地方分権と地域福祉は大きな関連がある。中央集権的な体制から, 地方に財源と権限を移譲していくとき, その地域の公的な社会福祉の推進について地方自治体は大きな責任を持つ事になる。また, このとき国の責任によってすすめられるべき社会保障部分と地方自治体が主体となって管理していくべきコミュニティケアの部分とが明確にされる必要がある。

2　地域福祉の概念

　地域福祉の概念規定について, 牧里毎治が,「構造的概念」（資本主義社会が生み出した貧困問題を中心にした社会対策として規定する）と「機能的概念」（要援護者層を中心に対する資源配分を基礎とする）と呼ぶものについて, 代表的なものを紹介する。構造的概念による規定として, 井岡勉は「地

域福祉は地域・自治体レベルにおいて，住民の地域生活問題対策の一環として，住民の生活防衛と福祉増進を目的に，住民主体の原則と人権保障の視点を貫き，地域の特性と住民生活の実態に焦点を当てたヨコ組みの視点に立って，総合的・計画的に展開される公（行政）・民（民間・住民）社会福祉施策・活動の総体である」と述べている。機能的概念としての規定には，永田幹夫の次の定義がある。永田は「地域福祉とは住民が地域社会において自立した生活を営むことを可能にするために必要な福祉と保健・医療等のサービス整備とサービスの統合化，福祉の増進・予防活動，福祉環境の整備，住民参加の福祉活動の支援等を行い，これらの活動をとおして福祉コミュニティの形成をめざす福祉活動の総体をいう」と述べている。

　それでは鹿児島という地方，例えば中山間地や離島の状況から地域福祉を考えるときは，どのような見方で捉えるべきであろう。そこには，瓦井昇が中山間地の要援護者問題について言うように，生活問題と福祉問題が結びついて存在している現実がある。たとえば，鹿児島の離島では，十島村のように現実の介護サービスは存在しないところもある。人口の少ない離島では準市場化した介護保険制度下ではマーケットとしては成り立たないため民間の参入は見込めないところもある。そうした地方における地域福祉を考えるときには，「生活問題」あるいは「地域生活問題対策の一環として」みるべき視点が欠かせないであろう。介護保険が開始されたことには貨幣的ニーズは，すでに解決したという論調がみられた。しかしすでに当時であっても中山間地での特に高齢者の生活は貧しいものであり，経済的な理由による介護保険の利用控えが見られた。貧困はこれまでもあり，現在はさらに生活はきびしくなっている感がある。電気を出来るだけつけずに夜も早めに寝るといった生活をされている単身の高齢者や高齢者夫婦世帯は普通におられる。格差や貧困など地方ほど社会状況の構造的な問題があらわになっているように思われる。

　さて，地域福祉の理念として井岡勉は①住民主体の原則　②地域生活権保障（ノーマライゼーション，インクルージョンを含む）③ヨコ組み視点の展開，をあげている。①は住民こそが地域の主権者であり，住民自治にもつながる。②は「地域で人間らしく生きる権利の保障をめざそうとする理念」で

ある。また，ノーマライゼーションやソーシャルインクルージョンも含まれる。③は縦割りではなく，住民の生活実態に合わせて，「ヨコ組みの視点」で組み立てなおすこと，施策・活動が個々に展開されるのではなく，ネットワークが構築されることである。「公民・協働，パートナーシップの構築」が目指される。

3 地域福祉におけるコミュニティ

地域福祉の対象となる「地域」と「コミュニティ」について，はじめに社会学によるコミュニティ論を参照したい。マッキーバーはコミュニティを「共同生活の行われている地域空間」と述べている。またパークは「社会や社会集団，もの社会を構成する諸個人や諸制度を地理的分布という視点から見た時，それがコミュニティ」としている。倉沢進は両者に共通しているのは，地域性と共同性であり，それがコミュニティの基本的特性としている。また奥田道大は①地域共同体，②伝統型アノミー，③個我，④コミュニティの4つに類型化したモデルを提唱した。地域福祉の分野では岡村重夫が自然発生的な相互扶助がみられるような「一般的コミュニティ」と①対象者参加，②情報活動，③地域福祉計画の立案，④コミュニケーション，⑤社会福祉サービスの親切・運営，という機能をもち福祉組織化活動によって形成される「福祉コミュニティ」という理念型を用いた。

地域福祉が主流となったと言われる今日「福祉コミュニティ」ついての言及が盛んとなっている。ただしそこには倉沢進がコミュニティについて述べている「コミュニティの概念をめぐるもう一つの論点は，コミュニティを現実に存在する実体として捕らえるか，ある種の理念として捉えるかの相違である。（中略）日本の場合は，高度経済成長以降の社会問題として，コミュニティの問題が取り上げられるようになった。ここでも実体としてのコミュニティと，理念としてのコミュニティの問題が，多くの混乱をもたらしたといえる。」といった状況が，今日の福祉コミュニティをめぐる論議にもあるように思われる。福祉コミュニティについてはあくまで理念として捉えるべきあり，そこから実践を導き出すのではなく，あくまで現実の「地域」の生

活問題から出発しなくては，現実から遊離した論議となるのではないかと思われる。

　さて，それでは地域福祉の実践の場における「地域」の範囲はどう捉えられるであろうか。広域での行政区を考える場合もあれば，小中学校区をひとまとまりに考える場合もあり，自然村の延長である集落単位で考える場合もあろう。地方の農村部や中山間地で考えると，その地域性や共同性が強固である点で，集落単位で考えた方が住民としても主体的に参加しやすいように思われる。離島についても例えば鹿児島県の離島である十島村では，有人の島が6あり，それぞれの島ごとに共同性が違っている。同じ村であって，たとえひとつの島の人口が少なくても一島を単位とした取り組みにならざるを得ないところがある。

4　地域福祉の実践

（1）　地域福祉実践の多元化と地域福祉計画

　地域福祉政策の主体は国・都道府県と市町村である。地域福祉を実践している主体は市町村と社会福祉法にも規定され，歴史的にも地域福祉の実践に主要な役割を担ってきた市町村社会福祉協議会（以下，社協と略す）である。その他，NPO，ボランティア団体等の活動団体，福祉サービスの事業者，民生委員児童委員そして地域住民自身が担い手になる。近年の地域福祉政策に関して重要なものは，社会福祉法107条に規定された地域福祉計画である。また，同法108条においては都道府県行政とし地域福祉支援計画を策定することが定められた。地域福祉計画は地方自治法2条4項に定められた基本構想に基づき，その市町村の地域福祉推進について，住民参加を図りながら，単なる行政のみの計画にとどまらず，行政と地域住民，社協，活動団体，事業者等が地域の福祉課題解決と地域福祉推進に向けて合意を形成し，協働のネットワークを作っていく上で，大きな意義のあるものである。また，これまでの分野別の福祉推進のあり方を変え，地域福祉として分野横断的な計画ともなり，福祉のまちづくりまでも視野に入れられる点でも意義のあるものである。策定に向けて住民参画がきちんと図られ，策定の過程が大事にされ

れば，地方分権下の住民自治的な地域福祉推進にとって大きな武器となりうる。またサービスの供給主体が多元化する中で公民協働の地域福祉推進システム作りとネットワーク形成に行政責任として行政計画である地域福祉計画が果たす役割は大きい。筆者は平成14年の九州ブロック研究大会において，多元化し準市場化する地域福祉の生態系のなかで市町村社協が，その生態系の媒介的管理の役割を担うべきでないかと発表したことがあるが，地域福祉計画の中でそうした合意形成が図られた上で社協が担うか，行政が計画の中でそうした機関を設置し，諮問を図る形を取る事で，地域の社会福祉の媒介的管理に地域福祉計画も役割を担うことが可能となるのではないかと思う。地域福祉計画については努力義務となっているためすべての市町村で策定されてはいないのが現状である。鹿児島県においては厚生労働省の地域福祉計画のホームページによれば，平成20年度までに策定済みの市町村は45市町村中6市町村と低いレベルにとどまっている。これは県の地域福祉支援計画が未策定であること，広範な市町村合併が推進されたことなどが影響しているのかもしれない。

(2) 地域福祉の構成と実践方法

井岡勉は地域福祉の構成を3つの体系に分けている。その第一に雇用保障・賃金・労働条件改善と所得保障・医療保障を補充（代替）する社会福祉制度としての①福祉的保険制度（国民年金，国民健康保険，介護保険）②社会手当（児童手当，児童扶養手当，特別児童扶養手当）および公的扶助（生活保護）という施策体系。第二に，地域福祉施設・サービス体系。第三に地域福祉の組織的推進，福祉のまちづくりをあげている。これらは，「地域福祉問題に対する社会的対策としての制度・政策的方法体系の視点と論理によって整序」としてあるが，第一にあげてある体系は，特に地方の中山間地や農村部など所得水準の低い地域に暮らしている生活者の視点から見れば，こうした「ミニマム」の所得保障・医療保障が地域生活の下支え，基礎となっているのが実感させられる。第二の体系は，各種の施設サービス，在宅福祉サービス，コミュニティ施設，相談や情報提供などのアクセスのためのサービス，苦情処理・権利擁護，生活福祉資金，費用の助成制度，予防・育成・

増進サービスなど「最終的な社会的対応としての」各種のサービスである。第三の体系は，特に地方においては課題として重要度を増している。それは近年の新自由主義的政策の展開によって生じた地域間の格差，地域財政の逼迫化の中で，地方ほど生活問題が顕在化している。その一方で平成の大合併として進められた市町村合併によって合併せざるを得なかった中山間地などの旧の小規模自治体については，人口の流出やそれまで依存していた公共事業がなくなることによる地域産業の変化など，統計など数字には見えにくくなったまま，山林や農地の荒廃による環境の悪化など，潜在化し徐々に問題は進行していく可能性がある（平成の大合併については，過疎地である中山間地の多くが統計的に見えなくなった現状があり，その意味では不可視化された社会変動であったのではないかと思われる）。地域福祉の組織的推進と福祉のまちづくりは，そうした地方においては喫緊の課題となる。

地域福祉の推進方法としては，直接援助技術であるソーシャルワーク，グループワーク，間接援助技術であるコミュニティワーク，社会福祉調査法，社会福祉経営・運営管理法，ソーシャルプランニング，ケアマネジメント，コミュニティソーシャルワークなどがある。

(3) 社会福祉協議会による実践

社協は，社会福祉法代109条から111条に規定されており，特に市区町村社協は，地域福祉の第一線で「次に掲げる事業を行うことにより地域福祉の推進を図ることを目的とする団体」と定められている。以下社会福祉法に掲げてある事業ごとに社協の地域福祉実践について述べる。

① 社会福祉を目的とする事業の企画及び実施

これは主として在宅福祉サービスの企画と実施になるであろう。非営利法人として社協はこうした事業に先駆的に取り組んできた歴史がある。例えば家庭奉仕員制度という名称から始まった訪問介護や訪問入浴などがある。鹿児島県でも旧隼人町（現霧島市）社協が春日市社協に次いで全国2番目に開始した365日配食サービスなどがあげられる。介護保険事業のサービスにも多くの社協が取り組んでいるが，後の事例でも紹介される曽於市社協の「小

規模多機能ホームより愛さかもと」などのように，社協らしさを生かした地域と結びついた実践がなされている。

② 社会福祉に関する活動への住民の参加のための援助

　これは社協の社協であるための使命の中心になるところである。小地域において住民参加による校区社会福祉協議会の設置や支援，ふれあいいきいきサロンの実施，助け合いや見守りなどを住民同士が行う小地域ネットワーク活動等を進めている。また，ボランティアセンターの設置，ボランティア活動への支援もここに入る。一人暮らし高齢者，障がい者や認知症や介護家族等当時者グループへの支援も行われている。また，地域福祉活動計画を策定する際は，一部がここに含まれ，調査など一部が下記の③に入る。

③ 社会福祉を目的とする事業に関する調査，普及，宣伝，連絡，調整及び助成

　これは地域に関する調査活動，社会福祉大会等の講演会，研修会・学習会，社会福祉事業者とのネットワーク活動，活動団体へ助成などが入る。この中でも見過ごされやすいのだが，調査活動は重要ではないかと考える。2003年に全社協が出した市区町村社協経営指針の事業体制と事業内容にはこれは明記されていないが，社協の役割として，地域の福祉に関する調査活動を行う，いわゆる地域診断をし，行政に対して提言を行うという活動は，（時に地域福祉計画や地域福祉活動計画に先行して行われる場合も含めて）社協の活動の柱として位置付けるべきである。また，その結果についても住民へフィードバックしていくことが必要で，ソーシャルアクションにつなげていく可能性もある。

④ 前3号に掲げる事業のほか，社会福祉を目的とする事業の健全な発達を図るために必要な事業

　これは，自由な裁量をもって，地域の福祉の隙間（ニッチ）や先進的な事業に取り組むことを，行い得るという部分になるであろう。

　社会福祉協議会は社会福祉法によって地域福祉を推進することを図る団体

と規定されたが，そのことだけに依拠するのではなく，地域社会にある生活問題とその奥にある顕在化あるいは潜在化している一人一人の住民の苦しみを軽減するためにあるいは無くすために，状況と切り結ぶべきだと考える。コミュニティワークなど間接的援助であっても，基底にそうした地域住民ひとりひとりの苦しみを射程に置くという思想を共有しておかなくてはならないと考える。その為には社会状況に対して社協は「前衛」であろうとするべきである。

（4） 地域福祉の担い手としての町内会・自治会

　地域福祉分野での住民活動としては，ボランティアやNPOなどのアソシエーションが注目されがちであるが，特に地方においては住民活動の主体は町内会・自治会が大きな担い手である。例えば表向きは校区社協活動であっても，内実は町内会・自治会を基礎ユニットにした活動である場合も多く，地域住民も町内会・自治会活動という意識で，内実は地域福祉活動を行っている場合すらある（例えば町内会・自治会での独居高齢者の見守り活動等）。鹿児島も町内会・自治会活動は根強い。例えば各県にボランティアやNPO活動を支援するセンターがあるが，鹿児島県の場合は共生共働センターという名称で，対象としてボランティア，NPOと並んで町内会・自治会が併記されているのもその証左であろう。また，平成13年の総務省による社会生活基本調査では，鹿児島県はボランティア活動の行動者率は40.1％で全国1位となっているが，活動内容としてはまちづくりのための活動（24.3％）が多く，またその活動日数が少ない（平均行動日数8.4日）点などから見て町内会・自治会活動などによる活動が中心であることが推測される。町内会・自治会の組織率は近年漸減傾向にあるようだが，鹿児島県が出した「共生・協働の地域社会と自治の充実をめざして」という報告書によれば，2007年時点で鹿児島市で62.3％，湧水町93.5％，阿久根市81.1％，といったところで，一極集中で混住化が進む県都はやや低く他の市町村はある程度高いという形である。

　さきに述べたように地域福祉分野でも校区・地区社協の基盤が町内会・自治会だったり，小地域でのネットワーク活動など多くの社協の地域福祉活動

実践では連携することが多い。前掲の報告書では地域コミュニティの現状として，組織への加入率の漸減傾向が指摘され，活動状況について 70.0％が従前と「変わらない」22.5％が「停滞した」となっている。鹿児島県はNPO法人や町内会・自治会（法人格をもつ）に対して融資を行うという政策が 2007 年から実施されている。町内会・自治会に対しては全国初であり，近隣自治組織的取り組みを活性化させようということであろうが，行政なり社協がサポートし，町内会・自治会が地域福祉分野でも担い手となれる方向も出てきたともいえる。鹿児島には全国的にも有名な鹿屋市柳谷町，通称「やねだん」の取り組みがあるが，まちおこし・コミュニティビジネスをやりながらその中で，高齢者の介護予防的な部分や学童に対して地域が育成していくという意識や公民館にて学童を集めて元教師に地域が報酬を払って，学習塾を無料で行うといった試みは福祉的な部分も含んでおり，町内会・自治会が近隣自治的な取り組みをする中で生活問題や福祉課題を解決する担い手となれるという良き事例ではないかと考える。

(5) ボランティア・NPO による実践

1998 年に特定非営利活動促進法（通称 NPO 法）が制定された。これによって NPO は認証されることとなった。非営利で様々な活動分野において組織された民間団体である。福祉分野では，グループホームや小規模多機能型居宅介護，宅老所，通所介護といった介護保険事業を行なう事業型の団体や，住民参加型在宅福祉サービスのような有償ボランティア的な活動を行う草の根的活動の団体まで広範囲である。NPO は非営利組織としてミッション（使命）が明確であることが特徴であり，地域福祉実践の場ではサービスの提供主体として，また先に述べた地縁型組織である町内会・自治会とも連携して，福祉のまちづくりの部分でも大きな期待が寄せられている。

ボランティアも同じく非営利で主体的な意思に基づいて住民が社会福祉をはじめとした様々な市民活動を個人もしくはグループで行うものであり，NPO との違いは無報酬が原則であることである。NPO も同様であるが阪神大震災以来災害時ボランティアの活動によって日本でも主体的な活動として定着して来た。

(6) 支え合いマップによる「住民流福祉」実践について

　近年各地の自治体や社協において支えあいマップを使った地域福祉計画策定やご近所での「助け合い起こし」が取り組まれている。提唱者は住民流福祉総合研究所所長の木原孝久である。支え合いマップはエコマップと一見似ているが，非なるもので住民相互の関係性を記載するものである。氏は50軒程度のご近所の中に必ず「世話焼きさん」と言う天性の資質を持った住民がおり，その「世話焼きさん」を活用し，専門機関が後方支援を行うという住民が主体となった地域福祉の展開を提唱している。筆者も居住する地域でこの取り組みを行い，参加する「世話焼きさん」たちにインタビューを行ったことがある。そこは農村地帯でもともと都市に比べると助け合いは行われており，地域福祉計画策定時に量的調査を行った際にもそれは都市での調査と比較して実証されていた。しかし，支え合いマップによる取り組みを行ってからの意識の変化を聴き取りしたところ，現象学的に言えばそれまでの互酬的な助け合いでは日常に埋没し他者へ向いていなかった志向性が，支え合いマップを作って活動をすることで「助ける」存在として他者が浮かび，他者へと意識の志向性が向くように変化したことがわかった。このため支え合いマップによるご近所での助け合いは互酬的な互助のあり方から意識の上では転換しているのではないかと思われる。ただし限られた地域での知見であるため，仮説ではある。

　「住民流福祉」をどう捉えるかであるが，住民をエンパワメントするもの，住民を主体とする草の根の活動，といった捉え方も出来ると思う。がしかし，鹿児島なり地方の大部分に残る農村部からの見方として考えるときには，小倉襄二の一文にある「衆の回生」という部分もあるのではないか。これは星寛治氏の「鍬の詩」という書物に出てくる提言に触発されて書かれたものであるが，「衆」というのはむらの何々衆というふうに使うもので「地域共同体のかたい人間のまとまりを体現」したものである。「生活の立て方を軸にして，地域において，民衆の結束と連帯を企図することが，私には，コミュニティケアの仮構を，私たちの風土において，充填し，活性化することにむすびつくと思えてならない」と述べている。先に述べた聴き取り調査でも支

え合いマップを作って活動する「世話焼きさん」に「昔の助け合いに返るものだ」という認識が見られた。しかし，単に昔に返るのではなく，先に述べた意識の転換を伴った助け合いの再構築となるのではないか。その意味で互酬的な互助のあり方を超え「たんなる復元」ではない，「回生」となるのではないだろうか。鹿児島では徳之島で取り組まれており，離島の十島村でも取り組む計画があるようである。住民が主体となっての地域福祉の取り組みのツールとして支えあいマップは非常に有用であると考える。

（7） 重層的な連携としての地域福祉

　上記のほかにも地域福祉の担い手として民生委員児童委員や各種の社会福祉施設や事業所がある。これまで述べた担い手たちがどのように連携して地域福祉を作っていくかであるが，それは地域性が出てくるところだと思う。例えば自治体があってその中にベースとして町内会・自治会といった地域共同体があり，その中で「世話焼きさん」という天性のボランタリーな資質を持った方が動き，細かい見守りや助け合いのネットをはり，その後方支援を専門職がコミュニティソーシャルワークとして行ったりソーシャルアクションを起こしたり，あるいはボランティアやNPOとの連携を図る，といった重層的な構造になるであろう。一番下に行政があり，その上に地域社会（コミュニティ）に根ざした町内会・自治会，住民，「世話焼きさん」が属する層がエリアごとに基礎としてあり，その上に地域社会に根ざした（コミュニティ型）ボランティアや民生委員がエリアに即してあり，その上に状況によっては広域で活動するアソシエーション性の強いボランティアやNPOがエリアを越えて存在し，各層が状況に応じて越境して結びつくといったイメージであろうか。

5　地域福祉課題について

　井岡勉は地域福祉で扱う問題を「現代日本の社会体制のもとで，構造的に生み出されてくる住民（労働者，勤労住民とその家族）の地域生活条件をめぐる不備，欠落や悪化・破壊の状況をそれに対抗する生活防衛の運動・世論

を媒介に社会問題として」捉える視点を述べている。グローバリゼーションの進行や新自由主義的政策による格差社会の進展などといった現在の社会状況は，まさに「社会体制のもとで，構造的に生み出されてくる」「不備，欠落や悪化・破壊の状況」であり，そこに生活問題として立ち現れてくるものが地域福祉の課題となる。

　地方である鹿児島の地域課題にはどのようなものがあるであろうか。まず平成の大合併の影響について南日本新聞が2007年1月3日の記事で，人口10万人を超える鹿児島市，鹿屋市，薩摩川内市，霧島市の4市の合併後の人口動態で各市中心部への人口集中が進み，周辺部での流出が目立っていると報じている。記事中でも支所となった旧町から本所への市役所職員の転居などが例示されているが，筆者のまわりでも合併した市の周辺部からの人口流出が見られる。そこでは，過疎化とともに高齢化がさらに進展し，限界集落化が進んだり，一人暮らし高齢者の増加，が懸念されるところである。また，離島の小規模自治体では地方交付税の減少や離島振興法による公共事業の減少で雇用の縮小現金収入の減少など生活不安が生じている可能性がある（離島については地理的な環境から来る生活問題もあると思うが，別に離島については章が設けてあるのでそちらに譲る）。一方一極集中である鹿児島市では，混住化が進む中で地域のつながりの希薄化が進んでいたり，合併した周辺の町部の衰退など懸念されるところである。また，鹿児島市ではホームレスも近年増えてきておりそうした社会的排除についても地域課題となってきている。

6　新しい公共の形成を目指すコミュニティ政策と地域福祉のあり方

　新しい公共とは，従来の政府による公共ではなく，民間による市民的な新たな公共の領域のことをいう。近年都市政策やコミュニティ政策の分野などで言及される概念である。総務省が2009年8月に発表した「新しいコミュニティのあり方に関する研究会報告書」は，今後のコミュニティ政策が「新しい公共空間の形成」を目指していくという方向性を示したものと考えられ

る。そこでは基本的な視点として「新しい公共空間」の形成，地域の多様な力を結集した地域力の創造が上げられ，新しい地域協働の仕組みとして「地域協働体」が必要とされている。鹿児島においても総務省の「コミュニティの研究会中間とりまとめ」を受けて，研究会を立ち上げ「共生・協働の地域社会と自治の充実をめざして」という報告書を2008年12月に出している。ただ，鹿児島県の報告書を読むと，国レベルの論議をそのまま県レベルに移植した感がある。国レベルでは骨格的なコミュニティの仕組みを検討することは当然としても，鹿児島県など地方自治体で地域コミュニティについて検討する場合は，地域性に対応し，地域福祉分野についても具体的に踏み込むなど，制度横断的な「横組み」で考えるべきであると思う。コミュニティ政策による地域福祉の包摂ではなく，両者の融合ないし連携をめざすべきであろう。縦割り行政を超える取り組みが県や市町村レベルでは必要である。こうした研究会も含めてコミュニティ政策として総務省からおりて来た事業については，地方自治体としてはそれを総合的な見地（井岡の言う「ヨコ組みの視点」）で捉えるべきであり，実施に当たっては地域福祉的見地からも捉えなおすことが必要と考える（例えば集落支援員などの中山間地過疎地政策もそうである）。

　さて，鹿児島県の報告書の特色については①協働のパートナーとして中心的な役割を担うのは，集落や自治会，町内会等であるとし，NPO等よりも地縁組織を優先した点。②地域づくりには行政主導型と地域主導型とあるとした上で，現段階では行政のリードが必要としている点など，行政主導を示した点　③本文ではないが，コラムとして補完性の原理について記載されており，それはそこまで地域と行政のパートナーシップについて述べた文を補強し，自助の優先が根本であるとの姿勢が見える。そこでは補完性の原理として「公的責務の分担に関して，個人ができることは個人で行い，個人でできないことを家族が，家族ができないことを地域が，地域ができないことは基礎自治体である市町村が担い，市町村ができないことを広域自治体である県が，県でできないことを国が行うという社会全体のあり方を示す。」としている。補足性の原理については日本ではこうした自助努力を優先するという意味で使われることが多い。しかし，澤井安勇によれば，本来的にヨーロ

ッパでは「個人（市民）と社会の関係及び社会の構成単位間の関係において より下方の単位を優先すべきとの考え方」であり，まず下方の権利が確保 されていく「ボトムアップ型」のヒエラルキー・権限構造だという。であ るとすれば意味合いが違っており，「原理」として「社会全体のあり方」 が当然そうであるとするような書き方は，「公的責務の分担」のすりかえ になりかねない。④コミュニティプラットフォームのイメージに，社協が 記載されていない。意図的かどうかは不明であるが，地域福祉の推進を担 うと社会福祉法に明記されている社協は，載せるべきであると思う。⑤コ ミュニティプラットフォームのコーディネート役として当面行政がコーデ ィネート役を担うとしている点。住民自治から言えば，行政の関与が大きく なれば住民主体の部分が後退しかねないところである。⑥条例（自治基本 条例）に基づく近隣自治組織づくりをすすめている。こういった点があげ られる。

では，こうした「新しい公共」の形成を目指すコミュニティ政策の中で， 地域福祉はどうあるべきか。端的に言えば「地域協働体」の中では，地域福 祉の担い手である社協をはじめとした機関団体がその主体として参加する形 であり，そこで地域福祉のチャンネルを作った上で社協がそこではコーディ ネート役を担うべきと考える。ただし，社協も受身ではなく，自らその位置 づけを提起していかなくては新しい公共形成というコミュニティ政策の中で， 埋没してしまう可能性もある。また福祉のまちづくりについては，コミュニ ティ政策との融合も必要となってくると思われる。それは鹿児島では中山間 地や離島で特に言えるのではないかと思う。地域福祉政策や事業としての連 携と，福祉のまちづくりの部分の融合が課題となる。

7　鹿児島の地域福祉活動事例

最後の節では地域福祉課題に対する鹿児島での実際の取り組み事例につい て紹介する。

(1) 【活動事例１】曽於市社会福祉協議会大隅支所
　　　──小規模多機能ホーム「より愛さかもと」──

① 概　　要

　曽於市大隅町の山間にある小さな集落の中に，利用者だけでなく地域の住民が集う小規模多機能ホーム「より愛さかもと」がある。曽於市社会福祉協議会が運営するこのホームは，社会福祉協議会が実施した地域住民のニーズ調査をきっかけに誕生し，地域福祉活動の拠点づくりに取り組んでいる。

② 開所までの経緯

　平成18年4月の介護保険制度の大幅な改正を控え，旧大隅町（現曽於市）社会福祉協議会では，地域住民が求めているサービスを実現するため，平成17年9月に60歳以上の町民300人を対象として，日常生活におけるニーズ調査を実施。対象者のうち，単身世帯が41.7％，高齢者世帯が34.3％という状況だったが，調査結果は，やはり介護や健康に対する不安，災害時の不安の声が多い反面，「将来も住み慣れた自宅，地域の中で暮らし続けたい」という希望が多かった。そこで，介護が必要になっても，可能な限り慣れ親しんだ地域で，親しい人たちとの関係を継続しながら生活できるよう支えるためには，どのようなサービスが必要なのか検討を重ね，「小規模多機能居宅介護」の開設へと至った。

③ 「より愛さかもと」の取り組み

　地域住民の十分な理解を得たうえで，坂元地区で空き屋となっていた民家を借り上げ，スロープの設置や台所の改修，簡易な事務所の設置などを行い平成19年1月に小規模多機能ホーム「より愛さかもと」は誕生した。「より愛さかもと」では，利用者の持っている力を生かしながら，常に利用者を中心に一人ひとりに寄り添って支援することをモットーにしている。ただ支援を行うばかりではなく，利用者のこれまでの経験や豊富な経験を生かした活動が出来るよう，男性の利用者には，大工仕事や灯篭・門松づくり，包丁研ぎなど，また女性の利用者には干し柿・あくまき・団子・干し大根づくりなどの経験を生かした活動ができるよう支援を行っている。その他，認知症の

「より愛さかもと」での活動の一コマ

進行予防も考え，開所以来毎朝，新聞の切り抜きで音読を行い，一日の終わりには利用者自身に日記をつけて貰っている。

④ 地域との交流

住み慣れた地域で利用者の生活を支えるためには，地域との繋がりは欠かすことが出来ない。そこで，曽於市社協大隅支所では開設前の段階で「より愛さかもと」の開設予定地区に何度も出向き住民への説明を実施した。結果，開所式当日には，地域の村づくり委員の方々の協力による手作り蕎麦の提供がなされ，開所以来，毎日のように近隣住民や利用者の知人が気軽に立ち寄っている。また，近隣の保育園，小学校の子ども達との交流会の実施や地域の夏祭り等の行事への参加などで住民との交流が深まっている。日常においても，利用者の近所の散歩や買い物等においても住民の方々の見守りが行われている。その他，「より愛さかもと」の庭木の剪定や倉庫の片付けなどに

地域との交流の一コマ

おいても近隣住民のボランティアによる活動が行われている。

⑤ 地域に根ざした今後の展開

　今後さらに地域に根ざしたホームになるため，認知症や介護についての勉強会の開催など社会福祉協議会だからこそ提供できるサービスを実施し地域に貢献できるようにしたいと考えられている。

(2) 【活動事例2】鹿屋市横山町内会の取り組み
　　　——— だれもが安心して暮らせる町内会づくり ———
① 概　　要

　横山町内会は鹿屋市の大姶良地区にあり，平成20年度で人口は約1700人。高齢化率21.2％，単身高齢者世帯の割合が9.7％となっている。こうした状況のなか，小地域での見守り活動やふれあい・いきいきサロン活動を中心

として地域での支え合い活動が行われている。

② 経　　緯

　平成15年に，高齢者等が地域で安心して生活を続けていくために，地域全体で支え合う「あんしん地域ネットワークの構築」を目的として大姶良西南あんしん地域ネットワーク推進会議が設立され，その運営が各町内会に一任されたことを受けて取り組みが始まった。民生委員を中心に，町内会三役，在宅福祉アドバイザー，老人クラブ会長などの関係者が集まり協議を重ね，町内会行事における助け合い組織づくりや活動の重要性についての啓発を行い，17年から「ハッピー横山いたっみろ会」（B型機能訓練事業，月2回）の実施，18年にはネットワーク推進員を新たに2名設置して見守り活動の推進に取り組んでいる。また19年度から，体の都合などの理由で「ハッピー横山いたっみろ会」に参加できない人たちを対象にして自宅開放型「仲良しサロン会」の開催に取り組んでいる。

③　取り組み内容

　○横山町内会ネットワークの仕組み

　活動開始時に，鹿屋市ではネットワークに関する具体的な活動がなかったため，県社協から活動事例集を取り寄せネットワークの構成を作り上げ，町内会の各班長やネットワーク推進員を中心に見守り活動を実施。活動への協力を町内会放送で呼びかけたり，活動の様子をネットワーク通信で広報しており，最近では町内会役員や町民の賛同が得やすくなっている。ネットワーク構成図及び助け合いの仕組みは図5-1，図5-2，図5-3のとおり。

　○自宅開放型「仲良しサロン会」

　高齢者の生きがいづくり事業である「ハッピー横山いたっみろ会」に参加する人は，集落センターまで出向く必要があった。それが簡単にできない遠方の人や足腰の弱い人，軽度の認知症のある人，また大勢の中に入っていくことが苦手な人達を対象に，身近な場所でのサロンを立ち上げ，参加を促す仕組みを考え取り組みを始めた。

図 5-1 ネットワークの組織図

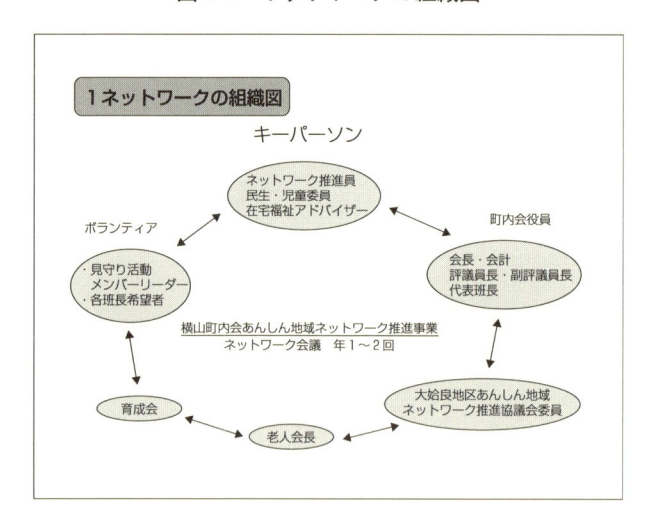

図 5-2 見守り活動メンバー構成図

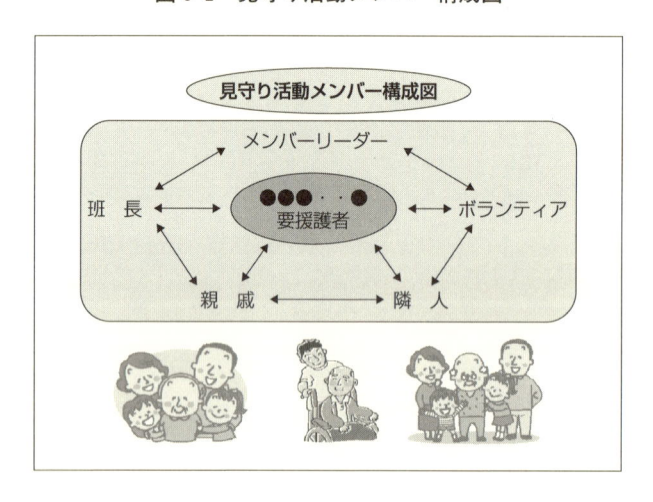

【第1段階】やってみせる期間・準備期間（H 16〜H 18）

　まず，民生委員・ネットワーク推進員・行政で協力し，サロン活動を地域の人に知って貰うために実際のサロンを地区の横山集落センターで4回に渡り開催。ボランティアの発掘とサロン活動の啓発を行った。

図 5-3　助け合いの仕組み

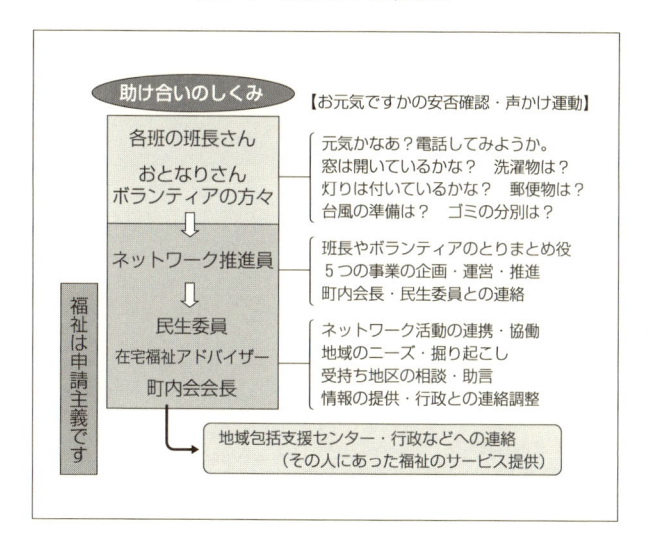

【第2段階】自宅開放型仲良しサロンを体験する期間（H 19. 4〜9月）
　町内会を6つに分けて自宅を開放してくれる高齢者の協力を求め，70歳以上の単身高齢者，80歳以上の高齢者夫婦を対象にサロンを開始。結果，5グループの参加が得られた。延べ参加者（対象者65名，ボランティア28名，スタッフ28名）。

【第3段階】サロン会のグループ募集を行う期間（H 19. 10〜11）
　体験期間を経て，実際にサロンに取り組むグループの募集を実施。募集に当たっては図5-4の手順で行い，民生委員が高齢者の自主性を尊重しながら相談に乗ったり助言しながら募集がうまくいくように導いていった。

【第4段階】自宅開放型サロンの本格実施（H 19. 11〜）
　募集の結果，5グループでの実施がまとまり，参加者61名（うち出かけることが苦手な人25名）でスタートした。

【第5段階】1年更新＆追加募集（H 20. 4〜）
　実際に体験してもらう段階から始め，本格実施に至った現在ではグループも増え8グループが活動を行っている。「「地域の繋がりが薄れてきている」と言われるが，「いたっみろ会」の参加者も例外ではなく，当初は近所に住

図 5-4　募集の手順

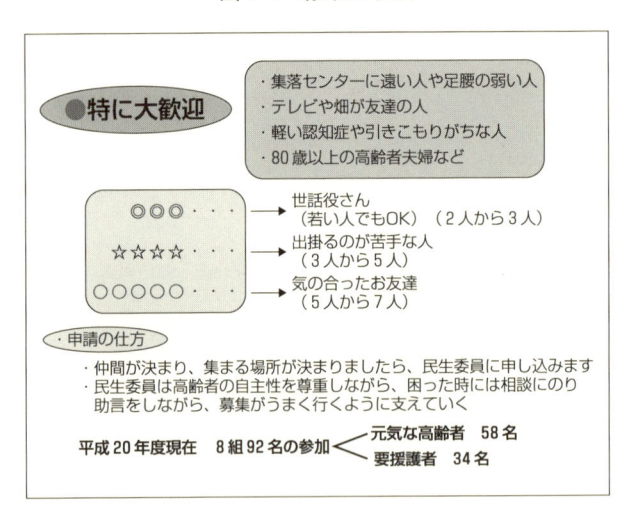

●特に大歓迎
・集落センターに遠い人や足腰の弱い人
・テレビや畑が友達の人
・軽い認知症や引きこもりがちな人
・80歳以上の高齢者夫婦など

○○○・・→世話役さん
　　　　　（若い人でもOK）（2人から3人）
☆☆☆☆→出掛けるのが苦手な人
　　　　　（3人から5人）
○○○○○→気の合ったお友達
　　　　　（5人から7人）

・申請の仕方
・仲間が決まり、集まる場所が決まりましたら、民生委員に申し込みます
・民生委員は高齢者の自主性を尊重しながら、困った時には相談にのり助言をしながら、募集がうまく行くように支えていく

平成20年度現在　8組92名の参加　←　元気な高齢者　58名
　　　　　　　　　　　　　　　　　　要援護者　　　34名

んでいても顔が分かる程度の付き合い。しかし，会を重ねるごとに名前を覚え，今では会話も弾んでいる。自宅開放型仲良しサロンを立ち上げる際にも「いたっみろ会」の参加者がボランティアで世話役を引き受けてくれ，またグループの仲間として出かけることが苦手な人達に寄り添って活動している姿に感動しています」と中心になって活動された当時の民生委員は語られている。

④　今後の取り組み

　自宅開放型仲良しサロンは，援護を要する人たちを条件付けて構成してある。月1回の活動ではあるが，楽しみの会であると同時に見守り，情報交換の場ともなっている。今後は，いざという場合の連絡方法を確認し，「見守りから始まる生活支援のネットワーク」としての活用も検討されている。

■参考文献
伊藤安男・高橋信行編著『現代社会福祉』ナカニシヤ出版，2005年。
川村匡由編著『地域福祉論』ミネルヴァ書房，2005年。
真田是・宮田和明・加藤薗子・河合克義編著『図説日本の社会福祉』法律文化社，

2007年。
右田紀久恵『自治型地域福祉の理論』ミネルヴァ書房，2005年。
牧里毎治編著『地域福祉論』放送大学教育振興会，2007年。
井岡勉監修，牧里毎治・山本隆編『住民主体の地域福祉論』法律文化社，2008年。
金子勇『地域福祉社会学』ミネルヴァ書房，1997年。
平野隆之・宮城孝・山口稔編著『コミュニティとソーシャルワーク』有斐閣，2008年。
倉沢進編著『コミュニティ論』放送大学教育振興会，2002年。
山口定『市民社会論』有斐閣，2004年。
豊田保『福祉コミュニティの形成と市民福祉活動』萌文社，2005年。
瓦井昇『福祉コミュニティの形成の研究』大学教育出版，2003年。
小倉襄二・真田是編著『現代の生活と社会保障』法律文化社，1978年。
木原孝久『住民の支え合いマップ作成マニュアル』筒井書房，2004年。
新しいコミュニティのあり方に関する研究会（総務省）『新しいコミュニティのあり方に関する研究会報告書』2009年。
鹿児島県総務部市町村課　共生・共同推進室『共生・協働の地域社会と自治の充実をめざして』2008年。

第6章 生活保護とソーシャル・インクルージョン

1 生活保護の今

わが国において，社会保険等を含め，利用しうる資産・能力を活用しても最低生活水準に到達しない貧困状態を唯一救うことができる制度として生活保護があげられる。そのため，生活保護は「最後のセーフティネット」ともいわれている。

また，社会保険が被保険者の拠出を条件とし，主に老齢・疾病・障害等の保険事故に画一的な給付を行う防貧的機能を有するのに対し，生活保護（公的扶助）は拠出の必要がなく，国や自治体の一般財源により貧困状態にある者の最低生活を保障するために必要に応じた個別給付を行う救貧的機能を有する。

(1) 生活保護の原理・原則

生活保護には，国民が理解し，遵守しなければならない4つの基本原理と要保護者に対する4つの実施上の原則が規定されている。

① 基本原理

国家責任の原理（生活保護法第1条）　日本国憲法第25条に基づく，生存権の理念のもと，生活に困窮するすべての国民に対し，国が最低限度の生活を保障する。

無差別平等の原理（生活保護法第2条）　すべての国民は，要件を満たす限り，保護を無差別平等に受けることができる。

最低生活の原理（生活保護法第3条）　保障される最低限度の生活は，健康で文化的な生活水準を維持することができるものでなければならない。

補足性の原理（生活保護法第4条）　生活に困窮する者が，その利用し得る資産，能力その他あらゆるものを，最低限度の生活の維持のために活用することを要件として行われるが，急迫した事由がある場合には，必要な保護を行うことを妨げるものではない。

② 実施上の原則

申請保護の原則（生活保護法第7条）　要保護者，その扶養義務者又はその他の同居の親族の申請に基づいて開始するが，急迫した状況にあるときは，保護の申請がなくても，必要な保護を行うことができる。

基準及び程度の原則（生活保護法第8条）　厚生労働大臣の定める基準により測定した要保護者の需要を基とし，そのうち，要保護者の金銭又は物品で満たすことのできない不足分を補う程度において行うものとする。

必要即応の原則（生活保護法第9条）　要保護者の年齢別，性別，健康状態等その個人又は世帯の実際の必要の相違を考慮して，有効且つ適切に行うものとする。

世帯単位の原則（生活保護法第10条）　世帯を単位としてその要否及び程度を定めるものとする。但し，これによりがたいときは，個人を単位として定めることができる。

(2) 保護の種類

生活保護には8種類の扶助があり，これらの扶助は，要保護者の必要に応じ，単給又は併給として行われる。

生活扶助（生活保護法第12・30・31条）　困窮のため最低限度の生活を維持することのできない者に対して，衣食その他日常生活の需要を満たすために必要なもの・移送の範囲内において原則として金銭給付により行われる。

教育扶助（生活保護法第13・32条）　困窮のため最低限度の生活を維持することのできない者に対して，義務教育に伴って必要な教科書その他の学用品，通学用品，学校給食その他義務教育に伴って必要なものの範囲内において原則として金銭給付により行われる。

住宅扶助（生活保護法第14・33条）　困窮のため最低限度の生活を維持することのできない者に対して，住居・補修その他住宅の維持のために必要なものの範囲内において原則として金銭給付により行われる。

医療扶助（生活保護法第15・34条）　困窮のため最低限度の生活を維持することのできない者に対して，診察・薬剤又は治療材料・医学的処置，手術及びその他の治療並びに施術・居宅における療養上の管理及びその療養に伴

う世話その他の看護・病院又は診療所への入院及びその療養に伴う世話その他の看護・移送の範囲内において原則として現物給付により行われる。

介護扶助（生活保護法第15-2・34-2条）　困窮のため最低限度の生活を維持することのできない要介護者（要支援者）に対して，居宅介護・福祉用具・住宅改修・施設介護・介護予防・介護予防福祉用具・介護予防住宅改修・移送の範囲内において原則として現物給付により行われる。

出産扶助（生活保護法第16・35条）　困窮のため最低限度の生活を維持することのできない者に対して，分べんの介助・分べん前及び分べん後の処置・脱脂綿，ガーゼその他の衛生材料の範囲内において原則として金銭給付により行われる。

生業扶助（生活保護法第17・36条）　困窮のため最低限度の生活を維持することのできない者又はそのおそれのある者に対して，生業に必要な資金，器具又は資料・生業に必要な技能の修得・就労のために必要なものの範囲内において行われる。但し，これによって，その者の収入を増加させ，又はその自立を助長することのできる見込のある場合に限る。また，2005年4月より世帯の自立助長に効果的であると認められる場合，高等学校等就学費も生業扶助で行われる。原則として金銭給付により行われる。

葬祭扶助（生活保護法第18・37条）　困窮のため最低限度の生活を維持することのできない者に対して，検案・死体の運搬・火葬又は埋葬・納骨その他葬祭のために必要なものの範囲内において原則として金銭給付により行われる。

(3) わが国の完全失業率の動向と派遣従業員の解雇

日本における完全失業率は毎月，総務省が公表している。2008年は4％前後で推移しているが，2009年になると，5％を超える状況となっている（**表 6-1**参照）。これは2008年9月，米国の大手証券投資銀行，リーマンブラザーズが64兆円の負債をかかえて経営破綻したことによる世界的不況も大きく影響していると考えられる。

さらに，この世界的不況により大手企業の経営が悪化し，2008年の下半期より派遣従業員の解雇（以下，派遣切り）も社会的問題となった。そのよ

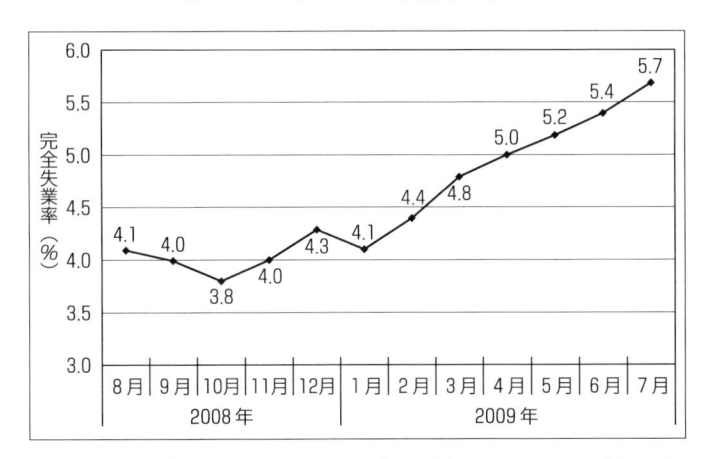

表 6-1　日本における失業率の推移

（グラフ：完全失業率（％））
- 2008年 8月：4.1
- 2008年 9月：4.0
- 2008年 10月：3.8
- 2008年 11月：4.0
- 2008年 12月：4.3
- 2009年 1月：4.1
- 2009年 2月：4.4
- 2009年 3月：4.8
- 2009年 4月：5.0
- 2009年 5月：5.2
- 2009年 6月：5.4
- 2009年 7月：5.7

（出所）総務省ホームページ（http://www.stat.go.jp/data/roudou/longtime/zuhyou/lt01-13.xls）よりデータ引用し，筆者編集。

うな中，東京の日比谷公園では年末年始にかけ，年越し派遣村が開村された。

年越し派遣村では，派遣切りにあった失業者約500名が集まり，食事・宿舎などの提供を受け，併せて就職活動の相談などを行った。しかし，2009年6月末で就労できた人の数はわずか13名であり，派遣切りにあった人の就労が難しいという実態も明らかになっている。

(4) 鹿児島の生活保護の動向

わが国における近年の生活保護の保護率は，増加傾向にある。全国の保護率を見ると，1998年度は7.3‰であったが，2008年度には12.5‰となり，10年前と比べ1.7倍上昇している。また，鹿児島においても同様に上昇している。また，鹿児島県平均保護率及び鹿児島市平均保護率は全国平均保護率を上回っていることがわかる（**表 6-2** 参照）。

さらに，鹿児島市の生活保護の推移を見ると，2004年度以降，毎年，被保護人員数で約450人，被保護世帯数にすると約400世帯程度増加している（**表 6-3** 参照）。その要因として2007年度の鹿児島市における高齢者の生活保

表 6-2 全国・鹿児島県・鹿児島市の保護率の推移

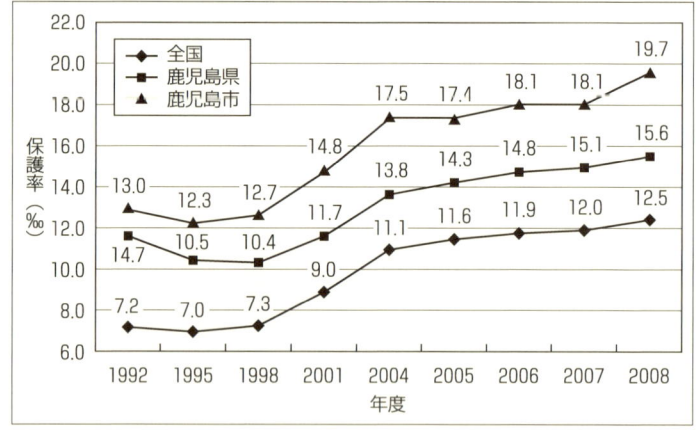

(出所) 鹿児島市「市政概要（平成9～21年度版）」よりデータ引用し、筆者編集。

表 6-3 鹿児島市の生活保護の推移

(出所) 鹿児島市「市政概要（平成9～21年度版）」よりデータ引用し、筆者編集。

護受給世帯数は全8034世帯の中の4割を超える3300世帯であったことからも分かるように，被保護高齢者の増加と，鹿児島には大企業の下請けを行う中小企業が多く，不況の影響を受けやすい。そのため，近年の不況により失業した人の生活保護申請が増加したことの2点が考えられる。

2 ホームレス支援

(1) わが国におけるホームレスの現状

近年の不況で，ホームレスの人たちを以前より多く見かけるようになった。2002年8月「ホームレスの自立の支援のための特別措置法（以下，特別措置法）」が制定され，ホームレスを「都市公園，河川，道路，駅舎その他の施設を故なく起居の場所とし，日常生活を営んでいる者」と定義した。また，特別措置法制定後，ホームレスの実態に関する全国調査が過去4回実施されており，2003年と2007年には全市区町村における目視概数調査及び面接による生活実態調査が実施され，2008年と2009年には全市区町村における目視概数調査が実施されている（**表6-4** 参照）。

全国のホームレス数は面接による生活実態調査が実施されている2003年と2007年を比べると6732人減少している。しかし，その一方で，ホームレスの平均年齢は1.6歳上昇し，さらに，野宿生活の期間についても「5年以上」の者が17.4％増加している。つまり，ホームレスの高齢化及び，野宿生活の長期化が進行しているといえ，また，年齢を重ねるにつれ，仕事に就けず，自ら収入を得て自立することができずにホームレス生活を継続せざる得ない状況を表している。

(2) 鹿児島におけるホームレスの現状

鹿児島におけるホームレスの現状については全国調査同様，2003年に目視概数調査及び面接による生活実態調査，2007年～2009年に目視概数調査が実施されている（**表6-5** 参照）。

① 鹿児島のホームレス数

鹿児島県及び鹿児島市ともに，ホームレス数は減少している。その要因の1つとして，近年，鹿児島において様々なホームレス支援団体がホームレス支援に動き出していることが挙げられる。行政などが直接出向いてホームレスと接触し，面談などを行うアウトリーチが行われていない現状があり，支

表 6-4 ホームレスの実態に関する全国調査（概略）

		2009年	2008年	2007年	2003年
全国のホームレス数		15,759人	16,018人	18,564人	25,296人
ホームレスの多い都道府県	大阪府	4,302人	4,333人	4,911人	7,757人
	東京都	3,428人	3,796人	4,690人	6,361人
	神奈川県	1,804人	1,720人	2,020人	1,928人
生活している場所	都市公園	29.2%	29.6%	30.7%	40.8%
	河川	29.1%	30.6%	30.4%	23.3%
	道路	16.7%	15.9%	16.8%	17.2%
	駅舎	4.5%	4.3%	4.9%	5.0%
	その他	20.5%	19.6%	17.2%	13.7%
平均年齢				57.5歳	55.9歳
年齢層	40～49歳			10.6%	14.7%
	50～54歳			15.9%	22.0%
	55～59歳			26.8%	23.4%
	60～64歳			21.2%	20.3%
野宿生活の期間	10年以上			15.6%	6.7%
	5年以上10年未満			25.8%	17.3%
	3年以上5年未満			18.9%	19.7%
	1年以上3年未満			16.8%	25.6%
野宿生活に至った理由	仕事が減った			31.4%	35.6%
	倒産・失業			26.6%	32.9%
	病気・高齢			21.0%	18.8%

（出所） 厚生労働省ホームページ（http://www.mhlw.go.jp/bunya/seikatsu-hogo/homeless09/index.html）よりデータ引用し，筆者編集。

援団体等が巡回相談や生活保護申請同行，炊き出し等を行っている。

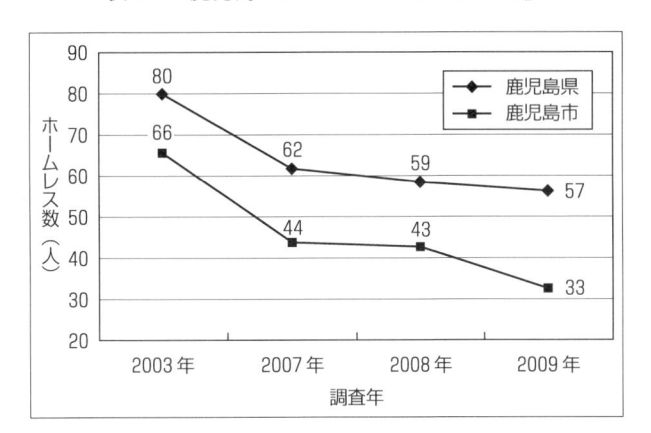

表 6-5　鹿児島におけるホームレス数の推移

(出所)　厚生労働省ホームページ (http://www.mhlw.go.jp/bunya/seikatsuhogo/homeless09/index.html) よりデータ引用し，筆者編集。

② 鹿児島市のホームレスの生活実態

鹿児島市は 2002 年 10 月に「鹿児島市地域福祉計画のための基礎調査」を実施している。平均年齢は 44.95 歳であり，最高年齢 75 歳・最低年齢 27 歳であった。また，野宿生活をするようになったきっかけとして，「解雇・仕事がない」13 名（59.0％），「借金」2 名（9.0％），「身内の問題」2 名（9.0％），「精神的ショック・人間不信」2 名（9.0％）が上げられ，路上生活歴として「ここ 1～2 年でホームレスとなった者」42％，「5 年以上」35％という結果がでている。全国の調査結果と比較すると，平均年齢は比較的若いことが分かる。

(3) 鹿児島のホームレス支援の現状

鹿児島県には鹿児島市を中心として，ホームレス支援を行う団体がいくつかある。支援団体は 1．相談支援・調査を行う，2．炊き出しや生活必需品などを配付する，3．それ以外の生活に必要な各種手続きの支援を行うなどに分けられる。

① NPO法人「かごしまホームレス生活者支えあう会」

「かごしまホームレス生活者支えあう会」は，2005年2月に鹿児島市内を中心とした夜回り・おにぎり配りのボランティアを母体として設立された。現在は週4回のおにぎり配り・相談活動を中心として，生活保護申請支援，年金・借金問題に関する相談，就労に関する相談，生活関連物資の提供，月に1回の調理会などの多岐にわたる活動を行っている。また，鹿児島における先駆的なホームレス支援を行っている団体である。活動メンバーはボランティアが中心であり，ホームレスを脱却した方々もボランティアとして活動している。

② NPO法人「やどかりサポート鹿児島」

「やどかりサポート鹿児島」は，鹿児島において，障がい・貧困等の社会生活上の困難を抱え，連帯保証人となる者を確保できないがために，賃貸住宅に入居することができず，自立した生活を阻害されている人々に対し，低廉な利用料で，連帯保証を行う又は連帯保証人を提供することを目的とした団体である。さらに，利用者が賃貸住宅に入居した後，社会的に孤立することなく豊かな人間関係とつながりの中で生活できるよう援助を行うことも目的としている。

ホームレスの方々が野宿生活を脱却するにあたり，アパートなどの賃貸住宅を利用することになる。賃貸住宅は連帯保証人が必要となるが，ホームレスの方は親族を含め，人間関係が崩壊している事も多々あるため，親族等に連帯保証人を依頼することが困難な場合が多い。そのため「やどかりサポート鹿児島」が連帯保証を行う又は連帯保証人を提供することにより，賃貸契約を結び，自立生活を営むことを目指している。2009年8月末現在，31名の方が利用している。

③ 社団法人鹿児島県社会福祉士会──ホームレスサポート委員会

社団法人鹿児島県社会福祉士会は2003年11月に鹿児島県で初めてとなるホームレスの支援団体であるホームレスサポート委員会を立ち上げた。ホームレスサポート委員会は設立当初より，ホームレスに関する実態把握調査を

中心に活動を行っている。2008年4月からは鹿児島市より委託を受け，月に2回（第2水曜日・第4土曜日）「巡回相談事業」を実施している。「巡回相談事業」はホームレスの方々に対し，巡回相談による相談活動を行い，抱える問題を把握するとともに，必要な援助が受けられるようにすることにより，その自立を支援することを目的としている。事業内容としては鹿児島市内のホームレスの方々が起居する場所等を巡回し，日常生活に関する相談等を行う。相談にあたっては，各種施策の活用に係る助言等を行うとともに，必要に応じて，専門機関等（鹿児島市総合相談窓口・地域福祉課・生活保護課等）への紹介などを行っている。

また，2008年10月には，鹿児島市が主体となり，ホームレスを対象とした「無料結核健康診査」が実施され，鹿児島市の保健所・保健センターの保健師，生活保護担当のケースワーカー，地域福祉課の職員等とも協力し，福祉相談会も開催している。

さらに，鹿児島県社会福祉士会事務局では電話相談も実施しており，常時2名の社会福祉士を配置して対応している。

④ その他の支援者

上記以外にも鹿児島市内の教会が中心となり，週に1回ホームレスの方に炊き出しを提供している団体や，個人でおにぎりを配付している方など様々な団体及び個人がホームレス支援に取り組んでいる。

(4) 鹿児島派遣村

先述したように，派遣切りが社会問題化した2008年末，東京の日比谷公園で「年越し派遣村」が開村されている。この派遣村は，東京にとどまらず，宮城県仙台市，埼玉県さいたま市，静岡県浜松市，愛知県岡崎市，京都市，大阪市などでも開村されているが，鹿児島においても2009年3月上旬にNPO法人「かごしまホームレス生活者支えあう会」や労働組合等が中心となって，鹿児島派遣村実行委員会が発足し，同年3月下旬に「鹿児島派遣村」が開始された。

鹿児島派遣村では，1．夜回り活動，2．相談会活動，3．シェルター事

業などの活動を中心に行われた。夜回り活動では46名のボランティア等が参加し，鹿児島市内だけで49名のホームレス生活者が確認された。そのうち，翌日から実施された相談会活動に24名の方から電話相談及び来所相談があり，うち10名が生活保護の申請をし，3名は離職者支援施策の利用手続きが行われた。また，シェルター事業では民間アパートを実行委員会が無償で借り受け，7名の方が入居した。シェルターでは，司法書士や社会福祉士，精神保健福祉士などが利用者の相談に応じ，5名の方が生活保護申請をし，アパートへ入居している。

今回の鹿児島派遣村の開村により，鹿児島においてホームレスが発する「声なき声」を支援者が代弁し，行政等への働きかけを行っている。また，これらの活動が鹿児島の地方新聞を初め，様々なメディアで報道され，多くの県民がホームレス問題に感心を持つようになった。つまり，鹿児島における大きなソーシャルアクションの展開がなされたことを意味する。そのような点においても，「鹿児島派遣村」の開村は鹿児島に大きな影響を与えた。

3　外国人研修生・技能実習生を地域で支える

(1)　よく目にする町の風景

夕暮れA市の町を歩くと，生気はつらつたる女性のグループが自転車に乗っている風景をよく目にする。体格のいい女性たちは，20歳前後で真黒の長い髪の毛を一つに束ね，仕事着のままスーパーへ買い物に行く。その風景は町の寂れてゆく姿に歯止めをかけているように感じる。彼女たちは外国人研修・技能実習生としてこの町で活躍している。

(2)　技能実習制度
①　技能実習制度とは

1993年に日本政府は「我が国が先進国としての役割を果たしつつ国際社会との調和ある発展を図っていくため，より実践的な技術，技能等の開発途上国等への移転を図り，開発途上国等の経済発展を担う「人づくり」に協力する」といった国際協力・国際貢献を趣旨に，技能実習制度を創設した。こ

れに基づき,「一定期間の研修を経た上で研修成果等の評価を行い,一定の水準に達したこと等の要件も満たした場合に,その後雇用関係の下で技術,技能等を修得することができる」のである。一定期間とは1年間の研修期間,さらにその後2年間の実習期間を加えることが可能である。

　研修期間内技能等の修得活動を行う者を研修生といい,留学生等と変わらない立場にある,技術等を学ぶ者である。そのため,出入国管理及び難民認定法（昭和26年政令第319号）上報酬を受ける活動が禁止され,労働基準法上の「労働者」とはならない。1年の研修を終え,技能検定試験に合格した者が技能実習生に移行し,労働基準法上の「労働者」として受入れ事業場と雇用関係を結び,「単純労働でなくより実践的な技能等の修得」という原則の下で働く。2009月7月1日現在,技能実習移行対象職種・作業は64職種120作業である。16年が経ち,いまや年間約20万人の外国人研修・技能実習生が日本で働いている。

②　浮き彫りになった問題点

　全世界が経済不況の一途をたどり,就業困難のなか,日本で学んだ優れた技術を将来に生かし,貴重な外国での生活を体験しながら言葉の修得もできるチャンスを与えられたことは外国人実習・技能研修生にとって,幸いなことであろう。そして,開発途上国にとっては,金銭的または物質的援助より経済発展に最も必要な人材育成支援を受けるほど有難いことはないであろう。技能実習生は一人前の技術者になり,母国の発展に寄与する際,日本国の国際貢献が実を結ぶことになると思われる。

　しかしながら,課題や問題も生じている。財団法人国際研修協力機構によると,2008年作業中に事故や病気で死亡した研修・実習生は34人と過去最多となり,うち16人は長時間労働による脳・心疾患であったことが明らかになった。その他,単純労働に従事,強制貯金,強制拘束,強制帰国,時間外労働・賃金の未払い,逃走防止のためのパスポート取り上げ,積立貯金と通帳・印鑑の取り上げ,携帯電話,パソコンの所持禁止,他所宅の訪問禁止,個人行動の禁止など生活上の制約といった人権侵害に関わる問題は,後を絶たず起こっているのが実態である。国際社会から「人買い」「安価な労働力

の使い捨て」「労働搾取」等の批判が寄せられている。

③ 技能実習制度の創設背景

なぜ本制度は「国際貢献」という主旨からかけ離れ，転職がなく帰国措置を担保できる「日本型短期ローテーション政策」といった外国人労働力政策としか思われないのか。その創設背景を振り返ってみると，容易に理解できる。

日本における外国人研修生の受け入れは，1960年代後半頃始まり，1981年に出入国管理法において留学生という在留資格として実施された。1990年に日本政府は技術移転により開発途上国における人材育成に貢献することを目的とし，在留資格を「留学」から分離し「研修」へと研修制度を改正した。同時に，バブル崩壊およびグローバル経済下において，日本人の若者が労働条件の劣悪である就業分野から離れ，技術レベルが低くて厳しい国際競争に弱い中小零細企業は深刻な人手不足に直面していた。そのため，労働力として同制度を活用したいと要請した。

その結果，受入れ機関，受入れ可能数等が拡充されたのに対し，非実務研修時間が減らされ，中小零細企業における研修・実習生の受入れが促進された。現時点では受入れ企業の規模は50人未満が7割以上であるところから，本制度は人材育成といった「国際貢献」の理念から逸脱し，単なる労働力不足対策になりつつあると思われる。

(3) 鹿児島の地域に暮らしている外国人研修・技能実習生たち

筆者は2009年4月にA市に在住している中国人研修・技能実習生を対象に個人インタビューおよびグループインタビューを行った。BさんたちはC製造会社に在籍している20歳前後の女性であった。Bさんたちが語ってくれた研修生活の様子を日本全国各地の由々しい実態と比べると，ほっとするものがあった。特に，グループインタビューはC会社の積極的な協力を得て行われたものである。以下簡単にBさんたちの暮らしぶりを紹介するが，「　」で引用した箇所は彼女たちの生の声である。

① 面倒見の良い会社・優しい日本人

　全体的に彼女たちは会社ならびに日本人に対して良い評価を示した。「会社はすべての生活用品を揃えてくださいまして便利で助かります」「会社の待遇もいいし，いろいろ世話をしてくださいます」「社員旅行にも行きました」「夏祭りやお花見に連れていってくださいました」という。日本人に対するイメージは「礼儀正しい」「言葉使いが丁寧」「和気あいあいと話し合える」「よくあいさつする」「皆親切」というものである。特に，足を怪我したDさんは「世話役の方が面倒がらずずっと病院に連れ添って，医者とコミュニケーションをとるためご丁寧説明してくださいます。毎日2，3回見舞いに来られて，怪我の傷だけでなくて心まで癒してくださいました」と涙をこぼした。

　一方，「付き合いがないので，会社以外の日本人がよく分からないです」「心を打ち明けて語れる相手がいないです」「日本にきて良かったですが，1回だけで十分です」「周りの日本の方々はいつも優しくして下さいますが，偏見や差別を感じることもあります。ときには悲しいこともあります」という声も胸に響いた。

② 本当の日本の姿を知りたいという願望

　Bさんたちは日本にきて1年余り経ったが，日本人の生活や日本文化等に関してほとんど接していないようである。毎日決まりきった仕事をグループごとに交替で繰り返している。夜は中国のテレビ番組を見る。休みのときは町にある唯一のファッションセンターへ洋服を見に行ったり，スーパーでぶらぶらしたりして時間をつぶす。団体行動するという規則に縛られている彼女たちは，日本の地域に暮らしているのに全くその実感を持たず，むしろ地域から孤立し，排除されているようにみえる。「自転車しかないので遠い所に行けないです」「ほかの地域はどんな風景なのかを見てみたいです」「せっかく3年間いるので，自分の目で日本を確かめ，中国の家族や友達に伝えたいと思っています」「日本人のお宅はどのような雰囲気なのか身をもって感じてみたいと思いますが，ずっとチャンスがないです」「日本料理をほとんど食べていないです」等のような彼女たちの思いから寂しさが伝わってきた。

③ 会社側の誠意と外国人研修・技能実習生の思いのズレ

今回インタビューに応じてくれた会社はしっかりした受入れ機関として一所懸命外国人研修・技能実習生の面倒をみているようにみえたが，Bさんたちの思いを聞かされ，思いがけないことに改めて考えさせられた。「社員旅行に行きましたが，日帰りなのでバスに疲れただけで（往復で8時間程度かかる），どこがきれいだったのか何も印象に残りませんでした」「夜皆で夏祭りに連れていっていただきましたが，何のための祭りなのかよく分かりませんでした」といったように会社側の誠意と外国人研修・技能実習生の思いにズレも感じられる。

なぜこのようなズレが生じているのだろうか。それは，彼女たちに日本という国がよく理解できていないからであると思う。本来，技能実習制度は技術移転による発展途上国への人材育成を図るという国際貢献の理念とはいえ，多くの受入れ機関は安価な労働力を確保することが目的であることからギャップが生まれる。外国人研修・技能実習生には労働がすべてであるため，日本語教育，日本文化，技術の移転等に力を入れておらず，「他所宅の訪問禁止」「個人行動の禁止」といった厳しい会社規則を設けている。

こうして，日本文化・伝統，日本人の職業意識，地域の特徴等について全く触れられず，自転車が唯一の交通手段であり，携帯電話さえも持てない外国人研修・技能実習生は，地域の一員でありながら地域から引き離され孤独な世界に置かれている。「郷にいれば郷に従え」とはいえ，この郷はどのようなものなのかを実感し，そこの一員として認められないと従いようがないであろう。だからこそ，会社はバスツアーを行ったり，地域の最大の祭りに連れていったりしていろいろ工夫をこらしたのに，その心遣いを理解してもらえないという残念な結果になった。

なお，地域住民との交流がめったにないことが偏見や差別を生みやすくする。「あの子たちは日本語が上手ではないのに，全く勉強しないで買い物や遊びばかりですね」「スーパーに行くと真剣に見比べて安いものしか買いません。3年間精一杯節約したら相当な貯金ができるそうです。帰ったら金持ちになって家が一軒建つようです」「皆素朴でいつも地味な格好をしていま

す」という住民の声を筆者自身もよく耳にする。しかしながら，多くの日本人も家計を上手に維持するため買い物しているだろう。サービスタイムの安売りを狙って並んでいる日本人のお客さんは少なくないだろう。同じ行動なのに，なぜ研修生のことを認められないのか。そして，研修・技能実習生は日本に暮らしているものの，どうして日本語が上達しないのかを真剣に考えてほしい。

（4） ソーシャル・インクルージョンおよびソーシャル・インテグレーションの視点から

技能実習制度は，今後も幅広く活用されるだろうが，そのあり方を根本的に見直す必要に迫られている。1日，2日で解決できることではないが，日本で日々生活している20万人以上の外国人研修・技能実習生らは1日も早く改善してほしいと思っているに違いない。そこで，もっとも身近な住民たちは地域でどのように社会的排除された彼らの痛みを共有し，助けていけばいいのかを考えてみたい。

① ソーシャル・インクルージョンの視点

異なった環境で育てられた在日外国人研修・技能実習生はそれぞれ個性を持ち，関わる問題もその国情によって違っている。したがって，まずその人らしさを受け止めたうえでの個別援助が求められる。地域住民を対象に技能実習制度研修会，諸外国文化講座，外国人研修・技能実習生支援のボランティア養成等を地域福祉計画に盛り込む。それと同時に定期的なホームステイ活動，寮への訪問活動，食文化・伝統・習慣の交流活動等を通して，互いに文化の違いやお国柄を伝えあい，理解を深める。個々人のアイデンティティを無視せず住民としての平等な権利を尊重する。

② ソーシャル・インテグレーションの視点

外国人であっても地域のひとりであるため，偏見や差別を撤廃し統合した環境を整える。地域の施設など共同活動のできる場所を設け，イベントや祭りなどの地域活動に一緒に参加することで交流を行い，共通の関心課題を解

決するのに協力し合い，力を出し合うことで，互いの絆を強めていく。

　例えば，外国人研修・技能実習生を対象に，「様々な伝統行事の由来」「修得している技術の素晴らしさ」「町のよさ」「日本における四季折々の眺め」等のような内容をテーマごとに市民講座に入れ込む。これを通して，異国での寂しさを解消し，生活の充実，仕事のやりがいを持たせる。言葉の違いはあるが，言葉の壁を越え偏見や先入観や差別を取り除くため，国境のない総合的な交流が第一歩ではないのかと思う。

(5) 結　び

　少子高齢化が進んでいくなか，特に若者の都会進出が激しい地方都市において，グローバル化の一層の進展に伴い，外国人労働者も増加していくと予測される。身近に外国人が存在している地域は，地域経済が活性化するだけでなく，地域生活のあり方にも影響を及ぼしている。とすれば，住民一人ひとりが人間同士そして近隣同士として，優れた日本の技術とともに日本全体，およびそれぞれ地域の素晴らしさを伝えながら地域で外国人研修・技能実習生を支え，多文化共生のできる地域社会を築いていくことは，今日の地域福祉における緊急な課題であろう。

■参考文献

外国人研修権利ネットワーク編『外国人研修生　時給300円の労働者2——使い捨てをゆるさない社会へ』明石書店出版，2009年。

『研修生及び技能実習生の入国・在留管理に関する指針』法務省入国管理局，平成19年改訂。

『技能実習制度推進事業運営基本方針』厚生労働大臣公示，平成5年，平成20年一部改正。

『技能実習制度の導入に伴う労働基準行政の運営について』労働省労働基準局長，平成5年。

第7章 医療福祉

1 大腿骨頸部骨折の地域連携パスに関わる意義について

　鹿児島県の中心に位置する霧島市（人口13万人）が平成17年11月に1市6町で合併した。また，当院は公設民営という立場で医師会運営のもと平成12年に開設，平成17年に市町村合併により隼人町立から霧島市立となり地域完結型医療の中心的役割を担う地域支援病院として機能している。病床数254床，平均在院日数約17日，現在MSWは1名で相談業務を行っている。

　高齢者の代表疾患である大腿骨頸部骨折等の重症例は長期療養を余儀なくされ，歩行困難となり継続入院や施設介護にならざるをえない状況があった。当院においては転院調整にも時間を費やしていた。平成18年度から医療の質の向上，標準化，情報共有を目的とした地域連携クリティカルパス（以下地域連携パスとする）を活用している。その中で医療ソーシャルワーカー（以下MSWとする）は早期に転院となる患者，家族の不安などの相談に乗り，回復期のリハビリ目的入院にて在宅や施設入所の社会復帰を目指していくことの理解を促進していく役割を担っていると考える。

　今回，MSWにおける対象者への退院援助を考察し，対象者への支援で重要となる諸問題について検討した。

　方法として平成20年4月から平成21年3月までの618件中でMSWの業務記録から調査し，さらに，今後MSWが担う対象者への支援で重要となる諸問題について検討および考察をおこなった。MSWが受けた相談内容を四つに区分した。その中でMSWによる退院先相談は相談件数全体の68％を占め，その退院援助内容は在宅復帰目的転院調整144件23％，療養目的転院調整225件36％，介護保険等の利用を紹介した在宅支援65件11％，簡単な調整のみの在宅支援102件17％，施設入所81件13％であった。この中で今回大腿骨頸部骨折の入院患者は123件，内地域連携パス適応患者は64件52％となっている。

　連携パス使用者は入院期間が4週-5週以内で多くを占めている。その後転院先の病院で2か月-3か月の入院を要して退院できるよう地域との連携

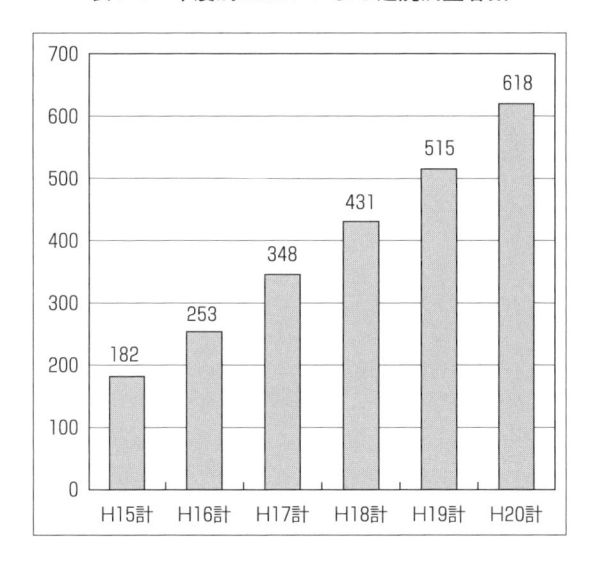

表 7-1 年度別 MSW による退院調整者数

年度	人数
H15計	182
H16計	253
H17計	348
H18計	431
H19計	515
H20計	618

の方向で院内外の調整に入っている。

　連携パス適応者の提携先病院での転帰状況の内訳は自宅，老人保健施設，他の福祉施設，病院への入院などの順であった。この転帰状況は高齢者の術前の ADL さらに術後の回復状態や介護度などよって在宅復帰可能か，施設や療養型病院かに分かれている。また，病院の性質上合併症患者を多くひきうけていることや地域特性により 70 歳代から 90 歳代の高齢者世帯が多いこともあり，以上のような結果となっていると考える。

　ここに MSW による退院調整者数のグラフを示す（**表 7-1** 参照）。院内における MSW の業務の浸透や近年鹿児島県霧島市においては地域の高齢化も影響していることもあり，当院においても退院調整件数が過去 6 年間で年々増え続けてきている。これは先に述べたように約六割が転院調整であり自宅や病院・施設への退院に時間を要し転院するケースが増えている現状がある。また，地域の高齢化もあり在宅介護が困難な患者においては最終的に施設への入所となる。その施設からの入院や再入所の調整も最近では増えている傾向にある。

　次に MSW の介入の主な流れを示す。

①骨折による入院当日，患者家族への主治医による治療内容等の説明，看護師による聞き取り時からMSWの早期介入を図る。

②数日後の手術日，患者・家族への今後の予定についてMSWから説明を行う。この際，患者・家族の不安な気持ちに配慮しながら提携先病院の情報提供を行う。

③受け持ち看護師との協議，転院先の決定

連携パスの活用でチームのメンバーや患者・家族が「いつ・何を行うのか・役割は何なのか」経時的に互いに理解しやすくなる。

④抜糸後患者情報を提携先病院へMSWより連絡する。

以上のような転院先との連携がこのパスの重要なポイントである。病院間の継ぎ目をなくし治療からリハビリ・社会復帰までを一貫して行うため，送り手，受け手双方のMSWはその病院間の垣根を取り払う役割を持つ。退院前の患者・家族への事前面談の実施によって連携先病院スタッフに対しての調整や患者家族への理解を得ることになる。

地域の中で安心した療養生活が送れるよう地域連携パスのシステムを活用しながら転院先での回復期リハ目的入院にて在宅や施設入所をすすめる方向で連携している。現在回復期リハ，亜急性期病室を持つ7つの医療機関と提携し家族の選択の中で転帰先を決定している。このことより急性期から回復期，維持期という時間の流れの中で患者・家族の戸惑い，将来への不安を解決援助するためにMSWが関わることになる。相談援助機能が生かされることが一人一人のクライエントを大切にすることにつながると考える。

患者家族への相談援助を通して家族との面接の中で次のような話しを聞く。

「治るまでここにいられないんですか。」

「A病院へは戻りたくないんですけど……」

「転院してリハビリを受けられるのですか。」

「家では介護できません。」などである。

あるケースでは本人からは「できれば家に帰りたい。」と転院より直接自宅退院を望むケースもあった。年齢は70歳代，自宅庭で転倒し，左大腿骨頸部を骨折した。手術後10日目から「家に帰る」と言われ精神的に落ち着かれず地域連携パスでの予定されていた日に転院ができずにいた。面接の中

で「転院するとお金がかかる。」と気にされていたため，娘からも本人へこのことで話して頂くように伝える。その後話し合いがなされ本人も納得，安心され，転院数日前にはリハビリ目的での転院を理解されることとなった。

さらに，鹿児島という土地柄，子供たちは県外で生活し老夫婦2人暮らしや一人暮らしで子供たちは県外で生活しているケースも少なくない。このような場合，家族が手術の立会いなどで帰省した際に面接を行い，転院先を紹介している。滞在期間が短いためその日のうちに事前に病院見学を行い転院先の入院予約を取り付けておくこともしばしばある。その後，MSWが家族に代わって転院の細かい打ち合わせを行うこととなる。

こういったさまざまな相談に生活の連続性の中で介入し，傾聴していく時間をつくることやMSWが支援することが生活のしづらさ（生きがたさ）を解決に導いていくと考える。

連携パスにおけるソーシャルワーク実践の課題は以下のとおりである。

- 患者・家族への支援として院内連携の強化
- 連携パス使用基準に基づき受け持ち看護師との連携による早期介入を図る
- 連携パスにおける院内外チームの地域復帰への意識の共有
- 地域の連携先との連絡調整（合同会議を含む）を通して地域支援コーディネートを行う
- 患者・家族の次なる生活の場の決定への支援
- 地域の全体的な取り組みとして在宅や療養施設での受け入れ環境づくり

これらの課題よりMSWは各ケースの転院調整のコーディネーター的役割を担う他，更に病院間の連絡担当者として地域連携パス会議を開催し，提携先病院の医師，看護師，リハ，事務の職種にそれぞれ参加してもらう。医師から大腿骨頸部骨折の診療についての説明や地域連携パスについての具体的な流れを説明し，質疑応答を行い相互の医療機関の役割確認などを行う。次に連携パス使用上の問題点を各職種に分かれグループ討議形式で行い，円

滑な運用ができるように話し合う。このように連携において適切な時期にスムーズな転院が行えるよう個々の問題点を出し合い改善を図っている。MSW・地域連携のグループでは患者・家族の「良くなって自宅で生活したい」という思いと現状とのズレに対して調整を行っている取り組みを協議した。また，連携パスが始まったばかりでありそれぞれの医療機関でのパス使用や連携に関しての認識の違いもあると思われ，今後の課題として取り組んでいきたいと考えている。

　急性期病院における退院援助の中で在宅や各施設での療養生活を見据えた形でのリハビリ支援も不可欠である。連携パスにおいては，多くの患者にMSWが主導的に関わりリハビリスタッフや受持ち看護師と協働して行うことで患者・家族の転院希望から転院先の選定，紹介，日程調整までの一連の流れを一手に引き受け早期調整ができている。

　また，急性期病院のMSWは早期退院を急ぐあまり単なる転院調整に徹することになりがちで一方的になることに注意し，患者・家族との相互的関係作りに時間をとる必要がある。障がいを持った高齢者が生活を再構築するには時間が必要という認識を持つ。今後，退院援助の中で地域での療養生活を見据え，転院先でのリハビリ支援が受けられるように患者，家族の不安を受け止める相談機能を高めた転院援助が不可欠である。

　さらにMSWが地域連携パスの連絡調整担当者となることで，対象者や病院と病院をつなぐコーディネーター的役割を担い，対象者が地域復帰を目指すための一助となるであろう。

　単身高齢者が多く生活する地方の地域を支えることと急性期病院の役割の維持とをどのようにまとめていくかが重要であり，容易なことではないと考える。MSWは地域医療連携を念頭に置き一つ一つのケースへ関わることになる。今後さらに地域連携パス使用者の最終転帰先等を分析し，地域の中で障がいをもった高齢者が安心して生活できるような在宅及び施設のあり方にも踏み込んだ支援や提言が必要である。ソーシャルワークは社会資源と人とを結びつける役割であり，双方に働きかけ円滑に問題解決へつなげられるよう援助していくことである。地域支援の一翼を担う存在として関わりたい。

2 緩和ケアを必要とする患者への退院援助について考える

　障がいをもった高齢者の生活が再構築できるようMSWの立場から生活障がいを抱える対象者への支援を行っているが，特に末期がん患者への在宅支援は在宅生活の最後を過ごす貴重な時間となる。しかしながらそれを支援するには各院内職種の連携や地域の支援機関との連携なくしては実現しないと考える。MSWの専門性を発揮して心理・社会的問題の解決援助を行い，ともに生き方を創造していく作業が重要となる。

　当院において年間入院患者数の約二割強の患者ががんと診断され，大腸，胃，膵炎，胆管胆のう系など消化器系を主体としたがんの手術，化学療法を目的に療養している。当院で死亡する患者の約5割ががんによるものであり，急性期医療や積極的ながんへの治療が行われ，その治療を経過した患者の看取りまでかかわっていくことが多い。そのような中で平成15年より緩和ケアへの取り組みが始まった。MSWもこの取り組みへチームの一員として関わり，福祉的な側面より転院先相談や在宅支援を行っている。そこでの取り組みを事例や考察を交えて紹介する。

［事例紹介］
① 　年齢60歳男性，直腸癌術後に脊椎内腫瘍が見つかり両下肢麻痺が出現した。自宅がアパートの2階ということもあり療養環境の調整にMSWも介入していった。在宅生活を送る際1階への引越しやベッド，車椅子などの自費購入となると費用は高額であり，社会的・経済的負担が重くのしかかっていた。これらに対して身障手帳や介護保険の活用にて経済面を含め介護負担の軽減を行なった。さらに家族の介助の協力を得ての2階での生活を勧め，さらに訪問看護の利用など社会資源活用の相談に乗り，療養生活への負担を軽減し自宅退院された。4か月間在宅で過ごし妻の介護が限界となり再入院となる。
② 　年齢70歳女性，肝臓がん末期であり在宅酸素療法も行っていた。ADLもシルバーカー歩行可能となり自宅への退院をせまられたが障が

いを持った夫との2人暮らしに家族の不安もみられた。このため患者本人を娘が自宅へ外出させた際，MSW，OT（作業療法士）と共に家屋調査を行った。2階が住居となっている自宅内を久しぶりにゆっくり確かめるかのように動き居間へ，しばらくの間，夫や娘と我々との間で談笑した。今回のことがきっかけとなり自宅生活に向けた自信につながった。その後訪問看護を含めた介護保険を利用のためケアマネジャーとの連絡調整を行っていき，家族の不安も軽減され自宅退院を決定している。在宅で2か月過ごすことができたが病状悪化にて再入院となった。再入院後，一時症状が安定したため隣町の緩和ケア病棟の紹介をするが当院での最期までの入院を希望され亡くなられた。

　二つの事例とも居住される場所が2階部分ということで大きな障がいとなった。自宅復帰への力となったのは本人らが少なからず自宅で生活できる活動能力をもっており，本人の在宅への強い希望と重なり，在宅生活が可能となったと思われる。また，病室や外泊時に患者本人の家での生活を望む姿が印象的に感じた。MSWは在宅の生活を入院中から「人生の終末期でのよりよく生活していくこと」の思いを話し合い，時期をみて自宅への外出をすすめた。これに後押しされるように家族が介護サービス利用に積極的になり，MSWも社会資源の活用をすすめることができた。また，二つの事例とも最終的には病院で亡くなったが，その後の家族の来院や在宅で訪問していた訪問看護師からも自宅で過ごせたことを振り返って話すこともできた。

　このほかにもMSWが介入するケースの中に「終末期をどこで過ごしたいか」への援助がある。相談の中に在宅での看取りはできないが自宅近くの病院で家族の関わり（面会）を多くして過ごしたいと思われる家族も多い。地域内の緩和ケア病棟や療養型病院の紹介を行うことや，再び在宅で最期を過ごしたいと思われる患者やその家族もいる。

　当センターにおけるソーシャルワーク実践の現状をあげる。

- 決して容易ではない在宅移行や看取り
  在宅介護や症状悪化への不安がありこれらへのサポートが必要になる。介護保険の活用も必要となるが，症状悪化が早く利用ができにくく介護保険外の他のサービスの調整が必要な場合がある。始めから在宅での看取りありきではなくその家族の介護力や精神的な受け入れがあるかを確認し，まずは外出や外泊など可能な範囲での在宅で過ごす期間をつくることを目標にしている。
- 心理・社会的ニーズへの対応は個々で実施
  末期がんの患者において今まで生きてきたことを最期までその人らしく過ごしてもらうことを患者本人や家族と共に考えて行く。例えば家族関係・仕事・社会的役割や趣味などへの対応が必要と思われる。そのためにはチーム内の連携や相談の充実が課題と考えている。

次に緩和ケアにおけるMSWの今後の対応をあげる。

患者本人や家族のこれまでの生き方を受け止め，本人・家族が決められるよう医療福祉相談の支援の充実を図る。チーム医療のもと，院内スタッフと協議し患者本人や家族の向き合っている課題を焦点化すること。さらにMSWとして十分に関わる時間を確保することで必要とした支援ができていくと考える。

ある目標・価値を共有している人々との間で既存の枠を越えて人間的な連携をつくる活動を目指す。医療機関や介護保険サービスの連携を積極的に進め，ケースから伝わる「在宅ですごしたい」という思いを捉えネットワーキングを行っていく。ともにマンパワーの必要性を感じるが医療福祉関係者や患者（当事者）その家族，ボランティアそして地域など人とのつながりを日々の実践をもって目指したい。

このように地域医療における医療福祉連携は常に作り上げることが重要であり，往診できる医療機関の連携は，一つ一つのケースでの連携を積み重ねていくことが優先課題と考える。

3 最後に

　急性期病院や地域医療の方向性として「平均在院日数の短縮」「病院機能の集約化」「在宅医療推進」などの国の医療制度改革が進む中，患者・家族は障がいをもった体（生きづらい状況）では療養先の選択を常に追う形となる。そこには当事者が解決不可能な複雑な流れがあり，移動先は医療機関（特定機能病院，地域医療支援病院など）や特色を持たせた病棟（回復期リハ病棟，療養型病床群，緩和ケア病棟など）さらに在宅である。MSWがその社会資源を理解し，患者・家族と相談の上決定してもらう支援が必要不可欠となっている。

　さらなる発展への課題として，「退院や転院の相談がMSWに寄せられるからといって，MSWが独り，孤軍奮闘しても関連職種のチームアプローチがシステム化していかなければ，MSW援助は空回りしたりして，院内スタッフの個々のコーディネートにエネルギーを費やすばかりで効率の悪い働きになってしまいがちである。また，一方では，たまたまMSWがかかわり得た患者のみに，サービスが届けられるといった，単発的で，それゆえ，他者の評価も得にくいものになりがちである。それは単に「退院問題」の「処理機構」にとどまってしまう危険性もある。「退院援助」として提起された一連のプロセスを実践していくには病院組織の中に明確に位置づいたシステムが必要である」ということを実践の中で感じている。今回，地域医療連携パスや緩和ケアへの取り組みの中からMSWの重要性を伝えた。現在総合相談室の相談員として業務しているがその発展となるMSWのマンパワー不足は否めない。これからの課題として位置づけ，組織的な活動でより大きくかつ継続的な取り組みを図りたい。今後退院支援部門や在宅支援部門に代表される医療福祉システムの創造を図ることで病院の組織図の変更へと連動し，MSWの位置づけの変貌をもたらすことが可能となればと筆者は考える。

■参考文献
村上須賀子『医療ソーシャルワーク論』宇部フロンティア大学出版会，2003年。

第8章 社会福祉と人材

1　福祉専門職の養成

(1)　福祉専門職とは

　専門職とは，一定の教育課程を修了し，法律に定められた試験を受けて国家資格を有している者を指すことが多い。さらに高度な知識と技術と共に，職能団体を持ち，倫理要綱を掲げ，職業倫理に基づく実践を目指すものもある。専門職として古くから弁護士や医師が代表的なものであるが，昭和62年，国民の求めに応じて初めて社会福祉の専門職として「社会福祉士及び介護福祉士法」により社会福祉士および介護福祉士が誕生した。

　福祉にかかわる職種，つまり福祉専門職は，福祉事業に携わる職種を指すが，社会福祉の施設や機関に勤めている職種という定義で数えれば，主なものだけで40を越える。それらには資格要件が法律によって定められている『国家資格』（社会福祉士，介護福祉士，精神保健福祉士，保育士等），一定の要件を満たすことによって任用される『任用資格』（社会福祉主事，児童福祉司等），当該職種の組織が独自の講習や試験を実施し，一定の条件を満たすことによって認定される資格である『認定資格』（介護支援専門員等）がある。

　平成5年に始まった福祉人材確保法に定められた福祉に関する職種には，福祉サービスの提供において中心的な役割を果たす職種として，社会福祉士，介護福祉士，保育士，精神保健福祉士の4国家資格が挙げられている。

　社会福祉士は，「社会福祉士及び介護福祉士法」（昭和62年）に定められ，社会福祉士の名称を用い，身体・精神上の障害があり，日常生活を営むのに支障がある人たちの福祉に関する相談に応じ，助言・指導，医師やその他の福祉・保健医療サービスを提供する者やその関係者と連絡及び調整，その他の援助を行い，主に福祉事務所や児童相談所などの公的機関や，シルバー産業（私企業の在宅ケアサービス等）において相談援助を行う。介護福祉士は，同法律により，介護福祉士の名称を用いて介護に関する専門知識と技術で，高齢者や体の不自由な人たちが，能力に応じて少しでも自立した生活が送れるように，心身の状況に応じた介護等を行い，当人や介護者に対し，介護に

関する指導やアドバイスを行う。社会福祉施設や老人ホームなどで専門職員として従事するのが一般的である。保育士は,「児童福祉法」(昭和22年)により,都道府県知事の登録を受け,保育士の名称を用いて,児童の保育及び児童の保護者に対する保育に関する指導を業とする者をいう。児童福祉施設において児童の保育に従事する。平成18年に幼児保育・教育を併せた認定こども園制度が始まり,保育士としての活躍の場が広がった。精神保健福祉士は,「精神保健福祉士法」(平成9年)により,精神保健福祉士の名称を用いて,精神障害者の保健及び福祉に関する専門的知識及び技術をもって,精神科病院その他の医療施設において精神障害の医療を受け,又は精神障害者の社会復帰の促進を図ることを目的とし,社会復帰に関する相談,助言,指導,日常生活への適応訓練等を行い,主に精神科病院に従事している。

(2) 社会福祉専門職の現況

　財団法人社会福祉振興・試験センターが平成20年9月から10月にかけて行った調査から,社会福祉専門職(社会福祉士,介護福祉士,精神保健福祉士)の現況をみてみる。

① 就労している分野

　調査回答者が就労している分野の状況は,全体で福祉・介護分野で就労している者が14万2980人(約77％),他分野で就労している者が1万5800人(約9％),未就労の者が2万7599人(約15％)となっており,資格を有していながら福祉・介護分野で働いていない,いわゆる潜在的有資格者は4万3399人(約23％)であった。また,資格別に見ると,介護福祉士については,約79％が福祉・介護分野で就労しており,その他の資格と比べて潜在的有資格者の割合が最も低い。

② 就労動機

　福祉・介護現場で働こうと思った理由では,「働きがいのある仕事だと思ったから」(社会福祉士49.9％ 介護福祉士39.4％ 精神保健福祉士56.4％)が最も高く,ついで「自分の能力・個性・資格を活かせると思ったか

表 8-1 正規雇用職員の給与

	社会福祉士 (N=16,179)	介護福祉士 (N=78,587)	精神保健福祉士 (N=3,172)
10万円未満	2.7%	2.5%	3.4%
10万円以上15万円未満	1.7%	7.6%	2.1%
15万円以上20万円未満	22.7%	39.2%	24.5%
20万円以上25万円未満	28.7%	29.8%	26.7%
25万円以上30万円未満	16.0%	11.7%	13.2%
30万円以上35万円未満	10.8%	4.2%	9.7%
35万円以上40万円未満	5.5%	1.3%	7.0%
40万円以上	8.8%	1.0%	9.6%
不明	3.1%	2.6%	3.9%
平均額（円）	249,389	200,715	247,120

ら」（社会福祉士46.4％ 介護福祉士32.6％ 精神保健福祉士51.6％）という理由である。

　ついで，「人の役に立ちたいと思った」「正規職員として働けるから」が2割程度，介護福祉士については「通勤が便利だから」というものも30.6％に言及されている。

③ 雇用形態の状況

　雇用形態を見ると，正規雇用は，社会福祉士84.7％・精神保健福祉士83.2％については「正規職員」の割合が介護福祉士65.5％と比較して高い。介護福祉士の批正雇用率は，34.3％である。

④ 正規雇用職員の給与・賞与

　正規職員として雇用されている有資格者の決まって支給される給与を見ると，**表8-1**のようになった。平均額で比較すると，社会福祉士24万9389円で最も高く，ついで，精神保健福祉士の24万7120円，介護福祉士が20万

表 8-2 仕事を行う上での不満や悩み

	社会福祉士 N＝19,100	介護福祉士 N＝120,067	精神保健福祉士 N＝3,813
仕事にやりがいがない	4.9%	4.3%	4.4%
職場の人間関係が悪い	10.2%	10.1%	9.8%
給与・諸手当が低い	47.6%	59.7%	45.4%
非正規職員から正規職員になれない	5.7%	6.7%	5.5%
昇進等将来の見通しがない	19.0%	15.4%	19.5%
社会的な評価が低い	23.9%	27.0%	18.4%
夜勤や休日出勤など不規則である	6.7%	10.0%	5.9%
業務の負担や責任が重すぎる	32.8%	30.5%	29.1%
仕事がきつくて体力的に不安がある	10.6%	24.3%	9.2%
仕事と家庭の両立が難しい	10.5%	9.4%	10.4%
福利厚生に不満	5.7%	6.7%	7.2%
通勤に不便である	3.9%	2.2%	5.9%
自分の能力を伸ばすゆとりがない	13.1%	9.0%	13.6%
利用者とのコミュニケーションがうまくとれない	1.3%	1.0%	1.2%
その他	10.1%	8.0%	9.1%
特にない	9.0%	6.0%	11.6%
不明	1.0%	1.2%	1.4%

715円で最も低かった。

　賞与を見ると，社会福祉士と精神保健福祉士については，「4万円以上から15万円未満」までを併せて，5割以上を占めているが，介護福祉士は，「2万円以上から8万円未満まで」が，5割以上を占めている。賞与なしは，社会福祉士13.5％，介護福祉士25.8％，精神保健福祉士15.0％と介護福祉士に最も多い。

⑤　仕事を行う上での不満や悩み

　仕事を行う上での不満や悩みを見ると，社会福祉士・介護福祉士・精神保健福祉士のいずれも「給与・諸手当が低い」という回答の割合が最も高く，次いで「業務の負担や責任が重すぎる」という回答の割合が高かった（**表8-2参照**）。この他，社会福祉士・介護福祉士については「社会的な評価が低い」，精神保健福祉士については「昇進等将来の見通しがない」という回答

の割合も高かった。

⑥ 調査対象の年齢層

なお，調査対象者の年齢層をみると，社会福祉士は最も多いのが「30から40歳」が33.8％，ついで「20から30歳」が31.6％であるが，介護福祉士は，最も多いのが「50から64歳」で26.3％，ついで「30から40歳」24.0％，「40から50歳」が22.9％の順である。精神保健福祉士は「30から40歳」が28.8％で最も多くついで，「20から30歳」が25.0％，「40から50歳」が20.8％であった。

(3) 本県の福祉専門職の養成所

本県の福祉専門職の養成所については，社会福祉士の養成は，大学1か所で行われている。同様，精神保健福祉士は専門学校，大学各1か所で行われ，保育士は，短期大学，専門学校の6か所で行われている。最も多いのは，介護福祉士の養成所及び福祉系高等学校である。

全国的にみると，介護福祉士の養成所数は，減ってきている。注目しなければならないのは，定員に対する充足率である。定員に対し，6割を切る入学者しか集まらない現状がある。

本県でも，ここ数年のうちに，2つの専門学校と2つの福祉系高等学校が介護福祉士養成の募集停止を決めた。種々の事情により，新しい養成課程に移行しなかったことと，入学定員に対する入学者の不足が原因であると考えられる。本県の養成所に入学してくる生徒は，他県からの流入はそれほど多くないことを考慮すると，上位学校である養成校は，本県の高校卒業生の数に大きな影響を受けていると考えられる。

(4) 鹿児島県の福祉人材の状況

福祉人材の育成のスタートという観点から，まずは，高校生の卒業時の進路状況をみてみたい。平成21年度速報「学校基本調査報告書」によると，平成21年3月に本県の高校卒業者数は1万7586人である。全国と同様に，毎年数％ずつ減少してきている。高校卒業生の数がここ20年の間に，半数

に減少しているのである。鹿児島県の高校生の進路選択の特徴として，進学率が全国平均に比較して低い傾向がある。平成19年度　高等学校卒業1万9000人うち，進学は男34.9％，女43.4％（全国平均男50.0％，女52.5％）。逆に，就職率は全国平均に比較して高い傾向がみられる。就職率28.5％（全国平均18.5％）。県外への就職の進路をとる者が多い。

　厚労省の試算した介護労働人口の試算では，2025‐2030年まで，戦後のベビーブーム世代である団塊の世代が，後期高齢者となり，介護を必要とする頃にさしかかる頃，認知症の介護を行う介護労働者が40‐60万人必要となると予想されている。2005年に20‐64歳の人口10人に対し，65歳以上の高齢者は3.3人であるが，少子化が一層進行する2025年には，20‐64歳の人口10人に対し，65歳以上の高齢者は5.5人となると予想されている。

　2007年の政府統計によると，鹿児島県の人口は173万人（全国24位），老年人口割合は25.7％（全国7位），生産年齢人口割合60.3％（全国44位），年少人口指数23.3％（全国4位），老年人口指数42.6％（全国6位），従属人口指数65.9％（全国4位），と，県人口の中における高齢者と年少者の割合が高く，生産年齢人口の少ない構造の特徴を強く示している。

　これは子どもが成長後，大都市へ移動し，都会で生産活動を送る。やがて，親世代が高齢となり介護を必要とする状態になった際，地元に居住していないという理由から，親の介護を福祉の専門職に委ねる例も多いと推察される。つまり，本県においては核家族の増加や女性の社会進出といった以外の理由でも家族の介護力が低下し，介護の社会化が生まれているのではないだろうか。

（5）　養成学校への入学定員割れの現実

　平成21年度の介護福祉士養成校の充足率が出された。定員に対する入学者数を充足率として表し，毎年4月の時点で厚労省がまとめた数値であるが，課程・定員が減っていく中にあっても，平成18年度充足率71.8％，平成19年度64.0％，平成20年度45.8％と徐々に落ちてきていたが，平成21年度は55.1％まで回復したものの，依然，定員割れが続いている。

　平成21年度の回復基調は，離職者が無料で学べる職業訓練制度の導入が

影響したとされる。さらに，専門学校の場合，国家試験を課される生徒の入学が4年制大学に比べ2年間遅いので，その期間，大学より専門学校に駆け込み入学の生徒が流れたことも関係しているのではないかといわれている。福祉系高校の充足率も71.0％にとどまっている。半数しか生徒が集まらない現状は，やがて介護を担う介護労働人口の減少へとつながっていく。

　養成校の充足率の低迷に対し，国はいくつかの対策をとっている。若い人材の福祉・介護分野への参入を促進する観点から，支援員を高校に派遣し介護の魅力を伝える『学生募集事業』。さらに，介護福祉士・社会福祉士養成施設の入学者に対して，『修学資金の貸付制度を大幅に拡充』（平成20年度第2次補正予算）するなど，修学にかかる費用補助を手厚くした。
　この制度は1か月5万円を限度に貸付けを行い，養成施設卒業後，貸付けを受けた都道府県で5年間介護または相談援助の業務に従事した場合，返還が免除されるという仕組みである。この制度の対象は，養成所だけであり，同じ介護福祉士の養成を行っている福祉系高校は含まれていない。このことについて，日本福祉大名古屋キャンパスで行われた第3回福祉教育研究フォーラム（平成21年7月）で，函館大妻高等学校　池田延巳氏が「これからの高校における福祉教育の展望とメッセージ」の中で，貸付けの対象を高校福祉科へも広げてほしいと訴えている。
　このように，現在，介護福祉士の受験資格を養成する各校に対し，様々な経過措置がとられているが，数々の対策が効力を十分に発揮できることは難しいと思われる。介護離れの根本には，女性の労働に対する評価の問題や，パートタイム労働といった労働の形態に対する社会保障に裏付けられた処遇面の整備が，未だ不十分であることが関係しているのではないかと思われる。
　一方，離職については，再雇用も可能である職種であるという真逆の考え方をするならば，ライフスタイルに合わせた労働の可能な職種という考え方もできる。このような福祉職に多い雇用の形態を，今後，女性の労働力がより一層発揮させていくであろう分野として，処遇改善をしっかりと行い，就労支援を行いながら介護労働を支えていくことが期待されるのではないかと思われる。

コラム6　若者の介護職離れ

現在，若者の介護職離れは社会的に注目され，様々なメディアでも取りあげられている。介護労働安定センター（2006）「介護労働の現場実態」，厚生労働省（2008）「介護福祉士等現況把握調査」等の調査研究によると，介護職を敬遠する主要な要因として，「低賃金」・「仕事のきつさ」が注目され，問題視されてきた。

しかし筆者が，面接等の質的研究（2009年度修士論文として提出）から見出したものでは，これら以外にもさまざまな要因が若者の介護職離れを促進していることがわかった。

ここではSさんのケースを紹介する。

Sさんは，23歳　女性　現在，靴屋に勤務。ホームヘルパー2級の資格を持ち，過去にグループホームで1年間勤務経験があるが，その後退職。Sさんは介護職を敬遠する主要な要因の，「低賃金」のことを一切，語らなかった。給与に対しては，特に不満を持っていなかったようだ。Sさんの介護職離れの中核として考えられるのは，「夜勤の重労働」，「介護職が命に関わる業務という責任の重さ」，「介護従事者（スタッフ）との考え方の違い」という3つ（図参照）であった。

図　介護離れの中核

```
                    ┌─────────────┐
                 ┌─→│  夜勤の重労働  │
                 │  └─────────────┘
 ┌──────────┐   │  ┌─────────────────────┐
 │一年未満で介護職│──┼─→│介護従事者（現場）との│
 │を離職したケース│   │  │   考え方の違い      │
 └──────────┘   │  └─────────────────────┘
                 │  ┌─────────────────────┐
                 └─→│介護職が命に関わるという│
                    │      責任の重さ       │
                    └─────────────────────┘
```

夜勤の重労働

グループホーム内の利用者9名に対し，働いて1年も満たないスタッフがSさん1名のみ。Sさんには責任重大な業務で，事故等があったらどうしようと不安な気持ちで夜勤に臨む。昼間の利用者とは違い，認知症の利用者の方の徘徊，ナースコール，オムツを勝手に脱ぐ利用者，いつもは寝ている時間帯での業務，Sさんはすべてに負担を感じた。こうした夜勤帯

の介護については，従来からさまざまな問題が指摘されてきたが，現在，改善されているとは言い難い。

介護従事者（スタッフ）との考え方の違い

Sさんの職場は，ほとんど主婦層の介護従事者で占めており，主婦層の介護職員が，認知症がある利用者に対しての上から目線の口調に対して間違いだと指摘し，自分たちは，「介護を，させて頂いている」という気持ちで仕事に臨んだ方がいいと話した。このように，主婦層の介護従事者と若い層の介護従事者で形成される老人施設は多くある。前者は人生経験豊富だが，介護に対しての専門性・プロ意識が低く，後者は人生経験が浅いが，専門性・プロ意識が高い。このような職場では，質の高い介護を利用者の方に提供することができず，「やりがい」を求めて介護職に就いた若者の専門性・プロ意識を徐々に奪っていき，「介護」＝「こなせばいい単なる仕事」になってしまう危険性も孕んでいる。すべての老人施設で，このような構図が見られるわけではないが，介護職が専門性を確立できない原因の1つとしても考えられる。

介護職が命に関わる業務という責任の重さ

介護の仕事は，利用者の死につながる危険性を持っている。また，前述で挙げたように，夜勤では更にその危険性を増す。その業務内容が，新人のSさんに重くのしかかり結局，退職してしまった。「介護の仕事は誰でも出来る」と言われるが，ホームヘルパーの資格を持ったSさんでも，このように介護の仕事の責任の重さを身に染みて感じている。介護保険に準拠した教科書，授業では，いかに利用者を自立させるかを念頭に置く。しかし，利用者はいつかは亡くなってしまう存在で，介護の仕事は命に関わる業務である（この点は他のケースでも指摘があった）。自立させることを念頭に置くことは悪くないことだが，一方では，介護の仕事は責任重大で，いつかは利用者の方は亡くなってしまうという高齢者の特性を意識した教育システムをこれまで以上に強調すべきだろう。

さて，「介護職」に対し，給料が安い，労働がきつい，などといったネガティブなイメージばかりが広がってしまい，介護を志す者の増加に結びついていかない，との意見をたびたび聞く。処遇の改善をはかりながら，介護の

楽しさややり甲斐についても，広く伝えていかなければならないであろう。11月11日の介護の日（平成19年に策定）の前後には，各養成所で介護や介護職についての理解を広めてもらおうと，様々な周知活動が展開されている。

　養成所同士においても，学習内容の魅力や国家試験の資格取得状況についての情報を公開しながら，競っていくことが必要となる。今後，国家試験の結果，および教育内容，進路状況等次第で，養成所は淘汰されていくことが予想されるが，しっかりとした職業倫理を身につけた者の養成を地道に行った養成所が評価されていくだろう。今回の社会福祉士及び介護福祉士の養成に関する大幅な見直しの時期は，5年後の平成26年である。

　以上，専門職養成の中でも，介護職について中心に述べてきたが，国民の一人ひとりが介護を担う力を持つ者として，基本的な知識や技術はもちろん，介護に対する倫理観を持つ国民として成長していくことを願う。そういった裾野の広い福祉人材の育成が大切であると思われる。

2　ボランティアの力

（1）　ボランティアの概念

　「ボランティア」という言葉は，もともと日本にはない言葉で，英語では"Volunteer"と書き，その意味は，「志願者，義勇兵，篤志家」と辞書には明記されている。この言葉の語源は，ラテン語のウォロ（VOLO）「意思する」，ウォルンタス（Voluntas）「自由意志」となり，人称の（er）をつけて（Volunteer）「自由意志で自発的に社会のために働く人」という意味だと言われている。

　ボランティアという言葉は，阪神大震災の際のボランティアの活動がきっかけで，最近ようやく定着してきた。1995年は「ボランティア元年」とされ，この後のNPO法の制定にもつながったと言われる。しかし，ボランティアの概念については，未だ定着しておらず，多義的である。

　ボランティアの概念を特性で挙げてみると，「自発性・無償性・公益性・先駆性」等が挙げられる。自発性とは，他人から，命令や強制されることな

く，あくまでも自らの意思に基づき行うことである。無償性とは，労力に対し，対価を求めないことであり，ボランティア＝無償性というイメージがあるが，最近は「有償ボランティア」という考え方もある。公益性とは，特定の個人・団体の利益，特定の思想・宗教の利益のためにではなく，全ての普遍的な公益のために行われることを意味する。先駆性は，人びとの関心があつまらない社会課題や政治・行政の目の届かない問題と取り組み，提案するなど社会改革的な要素と捉えられる。

(2) ボランティアの目的

ボランティア活動は，自由意思や責任において行う活動であるが，その活動を通じて社会の矛盾や疑問に気づき，その克服のための努力を媒体に，市民が権利の主体として成長していく，という向きもある。具体的には，介護，看護など当事者の直接的な対応や当事者をかかえる家族や福祉施設，団体などへの協働的対応などである。

いずれにしても，これからのボランティアは，福祉の向上や監視，批判，行政施策の補完だけでなく，ボランティア自身の自己形成や地域社会の再生等の重要な役割を担っているが，近年，少子高齢化の進行などの社会・経済状況にともない，さまざまな改革によってボランテイアが必要以上に強調されている。

このことについては，注意が必要である。なぜなら，ボランティアは，行政の及ばないサービスが提供されるものとして評価されがちだが，逆に本来，行政によって提供されるべきサービスまでもがボランティアに委ねられ，ボランティア活動やNPOが行政の下請けというイメージを利用される危険性があるからである。

(3) 福祉とボランティア

ボランティア＝福祉的活動と考えておられる人も多いが，必ずしもそうではない。しかし，実際に福祉において，ボランティアは重要な担い手であり，質・量ともに多大な力を発揮しているといえる。とりわけ，現代社会は超少子高齢社会であり，それとともに多くの福祉ニーズが発生する。ゆえに，い

わゆるフォーマルなサービスだけでは不足し，ボランティアの力が必要となってくる。前述のように，現在，福祉現場は深刻な人手不足であり，人的資源という意味でも，ボランティアへの期待は大きい。

　福祉ボランティアの種類として社会福祉協議会の活動や高齢者施設，障害者施設，児童福祉施設においての活動がある。社会福祉協議会においては，赤い羽根に代表される募金活動，ガイドヘルパー等の支援活動，子育てサークル等多くの活動が実施されている。施設におけるボランティア活動は直接支援（介護，保育）における活動のほか，施設へ訪問し，歌や踊りを披露する訪問ボランティア，施設で開催される縁日等へのお手伝いを行う，いわゆる行事スタッフのボランティア等がある。

　課題として，最近はボランティアを希望する人の中に「授業の一環として」「単位取得のため」「就職活動のPRのため」といった理由でボランティア活動を行うひとも見受けられ，学校が推奨しているケースもある。動機づけの一つとして，ボランティアを希望するということは良いことであるが，特に福祉施設は多忙なスケジュールの中でボランティアの受け入れをする場合が多い。しっかりとした自らの目的と課題をもち，ボランティアに臨む必要がある。「なんとなく」をいったあいまいな動機では，利用している人，働いている人へ受け入れてもらえない場合もある。また，直接支援のボランティアの場合は，最低限の知識はなければならない。

　ボランティアは社会福祉のサービスを必要とする人への支援活動だけでなく，環境や保健・医療等の領域にもおり，その姿勢もボランティア自身の生きがいや自己実現が強く見られる状況にある。そして，彼らの存在はいわゆる「参加型福祉社会」の実現に期待されるものとして捉えられている。

　福祉ボランティア活動は対人援助活動が多く，優しさの実践である。福祉ボランティアの活動は命と人権を大切に守りあい，かばいあい，支えあい共に生きる人間的な営みである。人は決して強い存在ではない。病気や障がいを持っている人々から学ぶことも多く，ボランティア活動を通して，共感し，生きることを私たちに教えてくれるのである。つまり，さまざまな福祉課題を抱えている人々へのかかわりによって豊かな心も育まれ，人間的にも成熟し，あたたかい社会を創造することにもつながっていくものと考えられる。

(4) 福祉と NPO

ボランティア活動の推進に伴い，近年 NPO という言葉をよく耳にするようになったが，NPO とは，Non Profit Organization の頭文字をとったものであり，「民間非営利組織」と訳される。一般的には，特定非営利活動促進法（NPO 法）に基づき，法人格を得た団体を指すことが多い。NPO 法は，1998 年（平成 10 年）に施行されたが，趣旨として，市民の自由な社会貢献活動によって，特定非営利活動の健全な発展を促進し，公益の増進に寄与することを目的としており，「非営利」に加え，「公益性」や「組織性」が求められる。当初は，特定非営利活動に該当する分野として福祉や，教育等 12 分野を掲げていたが，実態を踏まえ，その後 5 分野追加され，17 分野になった。NPO の中でも福祉分野は，非常に数が多く，法人格を持つ団体や，持たない団体等様々である。代表的なものとして，グループホームや小規模作業所等の運営を行う事業型団体と，住民参加型の当事者組織型の団体がある。後者においては，住民の直接参加を行い，地域で生活するために必要なサービスを推進し，また，そのサービスの担い手となる市民活動型や，当事者の立場から第三者評価等の福祉サービスの評価や課題の提起を組織的に行う団体等がその主な例である。地域福祉推進の担い手として今，こうした NPO の存在が注目され，その活動が期待されているが，鹿児島県内においても昨今，多くの NPO 法人が誕生し，地域に根付いた様々な活動を行っている。

■参考文献

学校基本調査の概要（平成 21 年度速報）http://www.pref.kagoshima.jp/tokei/bunya/kyoiku/gakko/toukeigakougai 20.html

植北康嗣・吉井珠代「介護福祉士養成の変遷と今後の課題」『四條畷学園短期大学紀要』73-83，2008 年。

小坂淳子他「介護労働の実態とその継続条件を考える」『大阪健康福祉短期大学紀要』7．111-123，2008 年。

財団法人社会福祉振興・試験センター「介護福祉士等現況把握調査の結果について」http://www.jascsw.jp/kourouDOC/report/20081225_fukushishi_genkyou_chousa.pdf

他，政府統計

第9章 離島の福祉

1　甑島の福祉

　甑島(こしきじま)は九州の鹿児島県薩摩川内市(平成16年10月12日,旧川内市,旧樋脇町,旧入来町,旧東郷町,旧祁答院町,旧里村,旧上甑村,旧下甑村,旧鹿島村の1市4町4村による合併で現在の薩摩川内市となる)の西に位置する離島であり,上甑島,中甑島,下甑島の3つの島からなる甑島列島の総称である。東シナ海の恵まれた海洋資源,美しい景観,特有の歴史文化を持つ地域である。上甑島と中甑島は橋で繋がれているが,中甑島と下甑島は陸続きでなく,移動は高速船かフェリーとなり,日々の買い物等で移動するような生活圏域ではない。現在では,合併以前の4村にそれぞれに行政支所が置かれている。

　各地域の人口は平成21年4月現在で,里地域1335人,上甑地域1555人,下甑2426人,鹿島538人である。年々,過疎化は進んでおり,地域で相違もあるが,平成12年比人口増減率は甑島全体で△18.7％である。平成17年度比でいうと△5.4％となっており,近年の人口減少率は比較的緩やかになっている。

　高齢化率は甑島全体で43.6％,地域ごとにいうと里地域42.8％,上甑地域51.5％,下甑地域38.2％,鹿島地域47.8％となっている。「65歳以上人口比50％以上となり,冠婚葬祭や生活道路の管理など社会的共同生活の維持が困難となることが懸念される中,本来有している地域の力を再び創造し,活力と豊かさを感じる地域づくりに取り組む集落」を,薩摩川内市ではゴールド集落と呼んでいるが,そのゴールド集落は甑島14地区のうちの4地区。その4地区はいずれも60％を超えている。

　福祉サービス実施事業者は社会福祉法人2,NPO法人1,社会福祉協議会である。

　甑島には介護老人保健施設,通所・訪問リハビリテーション,特定施設入所者生活介護,認知症対応共同生活介護等のサービスが無いもしくは不足している状況である(表9-1参照)。また入院可能な医療機関も2つと限られており,受けられるサービスを制限されていることも事実である。

表 9-1　甑島の福祉事業

事業の種類	事業	事業所数	合計定員
在宅サービス	居宅介護支援	3	—
	訪問介護	3	—
	訪問看護	1	—
	通所介護	5	65
施設サービス	介護老人福祉施設	4	120
	短期生活入所介護	4	23
	認知症対応共同生活介護	1	9
その他	養護老人ホーム	1	50
	生活支援ハウス	3	35

　医療・福祉関係者の人材不足も深刻である。特に医療においては出張診療所を除く5つの診療所の内，医師が常時不在である診療所が2つあるなど，医師不足も深刻である。福祉分野においても，各事業所人材確保が難しい中で，サービス供給量・サービスの質の確保には苦慮している状況である。また平成20年度の出生数は甑島全体で30人であったが，妊婦検診時には船で本土地域に通うこととなり，甑島での出産するケースは近年にはない。

　このような中，場合によっては医療や他の福祉サービスを受けるために，地域を離れなければならない状況もある。

　超高齢化した社会での厳しい現状であるが，甑地域で暮らす方が自らの地域をどう思っているかという点において，薩摩川内市社会福祉協議会が行った地域福祉活動計画策定のためのアンケート（20歳以上の無作為抽出，留置調査）によると，地域（小学校の範囲ぐらい）の生活環境についての質問で，「道路や交通の便」，「買い物のしやすさ」「医療機関など」の項目については「よい」と答えた割合が，本土地域より低いのに対し，「地域の安全・防犯」「近隣の助け合い」については，本土地域より圧倒的に高かった。周囲の人から受ける援助で「野菜や魚などの食材を分けてもらう」についても，「よくある」が，本土の地域ごとの平均26.7％に対し，54.1％となった。

また,「あなたはこの地域に住みたいですか。それとも別の場所に移りたいですか」という質問に対し,「いつまでも住みたい」が43.6％,「できれば住みたい」が30.9％と合せると, 74.5％となった。「できることなら移りたい」と答えた人は, 8.7％に留まった。「この地域の全体的な住みやすさ」についても約半数が「よい」と答えている。

　医療,保健,福祉の基盤整備に不安がある状況においても住みなれた地域で暮らしたいという思いがあるということが分かり,今後はいかに医療・保健・福祉分野において安定したサービスを供給できるかが重要となる。同時に,甑島地域が本来持っている住民相互扶助の精神・文化がこの超高齢化社会を乗り越えていく鍵であるとして,小地域ネットワーク,ソーシャルサポートネットワークをいかに体系・組織化していくかも重要となる。

2　熊毛の福祉

(1) 総　　論

　熊毛地区は,種子島,屋久島,口永良部島及び馬毛島の4島からなり,温暖な気候と優れた自然に恵まれ,人情豊かな地域である。種子島は,鹿児島市から約115 kmの海上にある。種子島には3つの自治体があり,人口は西之表市1万7308人（平成22年1月現在）,中種子町8988人（平成22年1月現在）,南種子町6317人（平成21年11月現在）となっている。屋久島は,鹿児島市の南方約135 km,県本土の南方約60 kmの海上にあり,人口は,屋久島町全体として1万3720人（平成22年2月現在）となっている。

　種子島は,我が国の歴史に大きな影響を与えた鉄砲伝来の島であり,また宇宙科学先端の島である。屋久島は,世界的に有名な屋久杉の島で,我が国初の世界自然遺産に登録された島であり,九州最高峰の宮之浦岳（1936 m）を有し,国内の観光地としても有名である。

　全国的に高齢化が進行するなかで,熊毛地区も例外ではなく,平成19年10月1日現在高齢化率は30.2％となっており,鹿児島県平均の25.7％を4.5ポイント上回っている。今後の見通しも,高齢化の進行は避けられない状況である。介護保険体制は,平成20年10月1日現在で,特別養護老人ホ

ーム6か所を含め，施設サービス8か所，居宅サービス94事業所が指定されている。また，全市町に地域包括支援センターが設置されている。

障害者福祉については，地区のスポーツ大会や県障害者スポーツ大会等への参加を通して，ノーマライゼーションの実現に積極的に取り込んでいる。また，平成18年4月から障害者自立支援法の制定により，三障害（身体障害，知的障害，精神障害）福祉サービスの一元化，就労支援等支援制度から障害者自立支援法に移行した。

保育所は11か所あり，保育対策促進事業を実施している。

地域保健福祉システムについては，高齢者や障害者等が住み慣れた地域で安心して暮らすために，在宅福祉アドバイザーを核とした近隣保健福祉ネットワークづくりを推進している（平成21年熊毛地域の概況より　平成21年3月鹿児島県熊毛支庁資料）。

(2) 熊毛の福祉特色（各論）

先ほども述べたように，熊毛の高齢率は，30.2％で，県下の平均25.7％を大きく超えている。そのなかで，在宅高齢者は，寝たきり429人，一人暮らし3544人であり，一人暮らしの方が，25％を占めている。老人クラブの加入率も県下の24.8％を大きく超えて，37.7％の方が加盟している。それは地域社会のつながりが強いためであろうと思われる。高齢者の居宅サービス事業をみてみると，人口の割には事業所が多い。これは，利用者にとっては選択肢が増えることで喜ばれているが，事業所の方は競争が激化し，運営が厳しいのではなかろうか。

熊毛地区の出生率は年々減少傾向にあったが，最近上昇傾向にある。平成14年には合計特殊出生率が全国の自治体の30位に西之表は入っていた。児童福祉の入所状況の中をみると，保育所は，種子島も屋久島も平成21年度の現状では，適正な規模であり，待機児童が出るような状況にはない，また，定員割れが出るような不安もない。

熊毛地区における身体障害者手帳の交付状況は1級から6級まで3059人である（平成20年10月1日現在）。鹿児島県全体では2万6547人であり，人口比にすれば1割を超す方々が受給している。熊毛地区における知的障害

サンセット車いすマラソン

児(者)の療育手帳の交付状況は平成20年10月1日現在447人が交付を受けている。

民生・児童委員任命状況を見ると,熊毛地区は,146人(主任児童委員が9名)が配置されている。ちなみに,県内全体では,3128人(205人が主任児童委員)が配置されている(平成20年11月1日現在)。

(3) **トピック**
　　——**種子島サンセット車いすマラソン**——

障害があろうが無かろうが,すべてのひとびとの垣根を超えるべく,バリアフリー,ノーマライゼーションすなわち,「共生」が国家的な福祉理念となりつつある現在,種子島においてとりくまれているのが,「サンセット車

いすマラソン」である。

　始まってすでに11年がすぎ，種子島にもしっかり定着している。今後も種子島の活性化の契機ともなることも念頭において，ひろく島民に呼びかけ，なお一層の充実を図りたいと関係者ははりきっている。

3　三島村と十島村の福祉

　三島村と十島村は，ともに，役場が島内になく鹿児島市内にあること。多島一自治体であり，人口規模が極端に小さいことなど，共通性が多い。また福祉施設も島内にはない。ただ，有人の島が3つで，大隅半島に近い位置にある三島村と有人の島が7つで，大隅半島から大きく離れている十島村とでは，さまざまな面での違いもみられる。

(1)　三島村の福祉

　三島村は，薩摩半島南端から南南西約40 kmの位置にあり，竹島・硫黄島（鬼界ヶ島）・黒島の有人島と，新硫黄島，デン島の無人島からなる。人口は竹島81人，硫黄島114人，黒島194人で合計389人（平成21年9月現在）である。高齢化率は35.7％（平成21年9月現在）である。

　三島村の各島（集落）には，高齢者の生活を支える村職員として，出張所員，訪問介護員（ヘルパー），看護師が常駐しており，地域の青壮年団，婦人会のメンバーとしても活動している。各島の出張所は，役場窓口にも代わり，鹿児島市の業者からの食材等購入時は，島民業者間の金銭授受（判取）の役割も担う。そして，鹿児島市から役場保健師をはじめとする職員の巡回，医師の巡回診療などのシステムが構築されている。また，1970年代から，70歳になると高齢者に「黄色い旗」が贈られ，旗が外に出ていれば無事を，見えないときは異変を知らせ，高齢者を地域で見守る取り組みが継続されている。訪問介護員（ヘルパー）は，「黄色い旗」の有無に関わらず，島の高齢者への毎日の声かけや見守り，相談対応，他職種との連絡調整等を仕事とし，必要時，居宅での介護にあたる。また，会食サービス，老人福祉作業所（生きがい農園）の設置，高齢者ミニ介護施設の運営等が村の事業としてあ

げられ，農園での収穫物は，村が買い取り，村産業（村おこし）として商品化している。

三島村の高齢者生活支援システムの現況から，複数離島を有する自治体の地域福祉の仕組みとして必要なこととして，高齢者が健康で，生きがいをもちながら生活することを目標にあげ事業を展開させること，島（集落）内で必要な人材・事業に関しては自治体（村）で確保すること，現在利用がなくても緊急時に地域（島内）で対応できるシステムを用意すること，三離島間のサービスメニューが均等であること等があげられる。

(2) 十島村の福祉

十島村は，屋久島と奄美大島の間に位置するトカラ列島からなっており，有人七島と無人島五島が南北162kmにおよぶ"日本一長い村"である。有人の島それぞれの人口は，平成21年10月において，口之島120人，中之島142人，平島80人，諏訪之瀬島51人，悪石島68人，小宝島54人，宝島109人，合計624人である。十島村と本土を結ぶ交通路は，海上交通路だけであり，村が運営している週2便の定期船によって，住民の郵便物，生活必需品及び主要物資等を輸送している。

保健・医療の現況としては，村営の診療所が各島に設置されているが，その他の保健・医療・福祉施設は皆無の状態であり，診療所は看護師1名のみで，医師は7つの島のうち4つの島を巡回する医師が，鹿児島赤十字病院から3ヶ月交代で派遣され，島の診療所に常駐しているだけである。また重病等の場合に限り，ヘリコプターによって鹿児島市内への搬送が行われる。このため，保健・医療面での住民の不安はとても大きい。

社会福祉の現況として，高齢者数は，平成21年10月で231人，高齢化率は37.0％である。介護保険における要介護認定者は平成19年で45名（うち2号被保険者2人を含む）であり，福祉サービスも提供されているが，島外（鹿児島市等）でのサービスが中心である。障害者数は平成18年43人であり，そのうち40人は身体障害者，1名が知的障害者，2名が精神障害者となっている。身体障害者のうち86％は高齢者である。介護保険料を払いながら，自治体内で受けるサービスはほとんどない状態である。各島では，

看護師と地域住民が運営する「とからいきいき教室」が実施され，高齢者の介護予防と健康づくりに役立っている。

　平成19年設立された十島村保健・医療・福祉のあり方研究会では，1年間の調査研究の後，以下の6つの理念を報告書に示している。①住み慣れた島でいつまでも暮らせる村に！　②男女すべての世代が喜びを感じられる村に！　③個性を尊重して相互に理解し，協力しあえる村に！　④住民と行政が信頼しあい，協力し合える村に！　⑤格差を軽減し，日常生活の利便性の高い村に！　⑥子ども，産業，文化，リーダーが自然と育つ村に！

　特に地域福祉の視点からは，第1に，「在宅福祉の推進」を提案している。具体的には極小の「十島型小規模多機能施設」の建設と地域づくりや支援も行う「万能ヘルパー」の養成を提案している。ここでは高齢者だけではなく，障害，子ども等の支援も含めて行うことが提案されている。第2には，「地域支え合い活動の促進」をあげている。具体的には，高齢者等が気軽に交流ができるたまり場づくり，その中でふれあいサロンなどの実施を求めている。そのほか，十島村ではまだ実施されていない声かけ，見守りの小地域ネットワーク活動の推進を求め，支え合いマップ等を作成することを通して，これらの事業運営の中心を担える人材と利用者の発掘をすすめることも提案されている。第3には，「地域福祉のコーディネート（社会福祉協議会の強化）」を掲げている。十島村（三島村も同様）は，全国でも数少なくなったが，いまだ社会福祉協議会が法人化されていない。報告書では，十島村の地域福祉が進まない最も大きな理由の一つとして，社会福祉協議会が機能していないことをあげている。そして各島に校区社会福祉協議会を創設し，これらの校区社協が先に挙げた，支え合い活動の中心となり，島内地域福祉を進めていく必要があるとしている。その他，NPO等との連携，担い手としてのシルバー人材センターにも言及している。

　　【付記】　三島村の人口については，役場での聞きとり，その他の三島村については，長野大学越田明子氏の日本社会福祉学会第53回全国大会報告（平成17年10月）「複数離島を有する自治体の地域福祉に関する研究――鹿児島県三島村の高齢者生活支援システムの現況を通して」要旨集354頁を引用させていただいた。十島村に関しては，役場での聞きとりと「保健・医療・福祉のあり方についての調査

研究報告書」（平成19年3月）からの引用を含む。

4 奄美大島の福祉

(1) 奄美大島北部（奄美市・龍郷町）の福祉

　鹿児島から南西に約380km以南に点在する奄美群島の中で一番大きな島である。北部地区は奄美市（旧名瀬市・旧笠利町・旧住用村）と龍郷町の二つで成り立ち，空と海の玄関口でもある。奄美市の人口は，4万7677人（平成22年1月現在），龍郷町の人口は，6267人（平成22年1月現在）である。黒潮の影響を受け温暖・多湿の亜熱帯性の気候条件にあり，地形をみると奄美市笠利町や龍郷町の一部は比較的山の少ないなだらかな地形で，珊瑚礁の海岸が見られる一方，その他の地域は山の多い地形であり，特別天然記念物として最初に指定されたアマミノクロウサギのほか，ルリカケス，オーストンオオアカゲラ，オオトラツグミ等の鳥類，など世界的にも希少な野生生物の宝庫となっている。また，龍郷町は平家伝説や明治の偉人西郷南州宅居跡など，奄美独特の伝統文化が息づく歴史とロマンの町である（一部，奄美市・龍郷町のホームページから抜粋）。

　福祉施設については，高齢者保健福祉施設として奄美市に特別養護老人ホーム5か所，養護老人ホーム1か所，軽費老人ホーム1か所，生活支援ハウス1か所，介護老人保健施設2か所，認知症対応型共同生活介護事業所6か所，龍郷町に特別養護老人ホーム2か所，介護老人保健施設1か所，養護老人ホーム1か所，認知症対応型共同生活介護事業所1か所，児童福祉施設として奄美市に母子生活支援施設1か所，児童養護施設1か所，龍郷町に知的障害児施設1か所，障害者施設として奄美市に知的障害者入所更正施設1か所，龍郷町に身体障害者入所療養施設1か所，身体障害者入所・通所授産施設1か所等が整備されている。また，龍郷町においては大島養護学校があり高等部まである。

　奄美市の高齢者保健福祉計画では「健康で長寿を謳歌する町づくり」を基本理念とし，①「高齢者が地域を支え，元気な町づくり」②「高齢者の自立した生活を支える基盤づくり」③「支えあいの地域づくり」を基本目標とし

て，高齢者が住み慣れた地域で安心して暮らしていける社会を目指し，医療との連携強化，地域包括支援センターの機能強化を図り，介護予防に取り組むとともに高齢者の在宅での自立した生活を支援することを重点課題として，推進していく計画を策定している。

龍郷町では健やかで安心して生活できる暮らしづくりを基本理念に介護予防・疾病予防の推進・高齢者の積極的な社会参加・支援を必要とする高齢者への対策・安全で安心して暮らすための町づくり・福祉サービス及び地域生活支援（地域ケア）基盤整備という5つの基本方針を掲げている。

また，地域福祉の中核である奄美市社会福祉協議会では，認知症高齢者，知的障害者，精神障害者など判断能力が不十分な方々や日常生活に不安を抱える方々に対して，福祉サービスの利用援助や日常的金銭管理等を行うことにより，それらの方々が在宅で長年住み慣れた地域で自立した生活を続けることができるよう支援する事業として，奄美市から与論町を含む大島地区の基幹的社協として鹿児島県社会福祉協議会から福祉サービス利用支援事業（日常生活支援事業）を受託し，権利擁護を目的に事業展開を行っている。またその他の事業として，子育て中のお母さん方が，育児についての悩み事や情報交換などを行うことができる場や，仲間づくりをする場を地域の民生委員やボランティアとともに作ることで，子育てを地域ぐるみで支えあうことを目的に子育てサロン活動推進事業や点訳ボランティアの育成と組織化，点字による情報の提供を目的とした視覚障害者クオリティライフ推進事業の展開。地域でのマンパワー確保の観点から訪問介護員養成研修事業の展開やふれあい福祉総合相談事業，小地域ネットワークづくり活動など，様々な地域福祉活動を行っている。

（2） 本島南部地域（大和村，宇検村，瀬戸内町）

奄美大島は，属島に加計呂麻島，請島，与路島があり，そのいずれも瀬戸内町に属している。地形は，本島と加計呂麻島はリアス式海岸で，極度に入り組んでおり，平地に乏しく島全体が山地である。波穏やかな大島海峡や，焼内湾を利用した真珠や魚類の養殖が盛んで，近年では，クロマグロの完全養殖に向けた取り組みが複数の資本により進められており，奄美ブランドと

して注目を浴びている。その奄美大島本島の中でも，南部に位置する大和村，宇検村，瀬戸内町の3か町村を本島南部地域と称しており，平成の合併においても，合併協議会には参加したもののいずれも離脱し合併には至っていない。

人口動向は，平成21年3月31日現在，大和村が891世帯1814人，宇検村1074世帯1995人，瀬戸内町5484世帯1万263人となっており，高齢化率は大和村が34.8％，宇検村37.8％，瀬戸内町33.5％である。特に宇検村は奄美群島内でも最も高い比率となっており，大和村，瀬戸内町も奄美群島内各自治体の中でも高い高齢化率である。

奄美本島南部のコミュニティの特性として，各集落単位のつながりが強いことがあげられる。というのも地形が急峻な海岸線で，僅かな平地に集落が点在しており，現在では生活道路が整備され，車両や路線バスによる往来が自由に出来るが，以前は，峠を越え，岬を船で回るといった方法しか無く，地域の人的つながりは非常に堅固なものであった。このことにより地域における相互扶助機能は奄美大島本島の中でも比較的維持されているものの，近年の著しい高齢化により地域の諸行事や組織等の維持機能が著しく衰えており，いわゆる限界集落が増えつつあるのが現状である。

入所系福祉施設として，大和村には村立の特別養護老人ホーム「大和の園」定員50名，宇検村に社福法人立の特別養護老人ホーム「虹の園」定員50名と，社福法人立の知的障害者授産施設「滝の園」定員50名，瀬戸内町には社福法人立の特別養護老人ホーム「奄美の園」定員55名，社福法人立の特別養護老人ホーム「加計呂麻園」定員55名，社福法人立の養護老人ホーム「寿老園」定員50名，社福法人立の認知症対応型共同生活介護事業所「グループホームひまわり」定員9名，社福法人立の知的障害者更生施設「なのはな園」定員50名が開設されている。このように大和村と宇検村では人口規模2000人弱の村で，50床規模の特養が開設され，瀬戸内町では，大島本島側に特別養護老人ホームと老人保健施設，さらに養護老人ホームが開設され，人口1500人ほどの加計呂麻島にも50床の特養が設置されている。南部地域の福祉施策の特色として施設福祉が充実している地域であると言える。

奄美南部地域における福祉施策の最優先課題として取り組んでいるのが，地域包括支援センターを主軸とした高齢者の自立支援施策である。元気高齢者に対する支援策を強化することにより，心身共に健やかな高齢者像を目指している。前述したように施設福祉は充実しているものの在宅福祉施策は，介護ビジネスとして効率性，採算性に乏しい地域ということもあり，社会福祉協議会の福祉サービスがいずれの町村も主流となっている。訪問系サービスの割合が低く，通所系サービスの利用率が高くなりつつあり，特に瀬戸内町は奄美大島という離島の中でも離島を抱える特殊な地理的要件により，加計呂麻島（人口1548人），請島（人口151人），与路島（人口121人）の三有人離島に対する各種福祉サービスが，社会福祉法人の社会的使命として一施設に委ねられているという現状がある。とりわけ海を隔てたサービスの提供は，天候に左右されるなど持続性に乏しく，今後は各島における地域密着型事業所等の開設が期待されている。

5　喜界島の福祉

　喜界島は大島本島の東北端に位置し，人口は，8473人（平成21年1月現在）である。農業畜産を主産業とした一島一自治体（喜界町）の島である。概して平坦な島であり，河川という河川はなく，島の大半は隆起サンゴ礁である。

　福祉施設の概要として喜界町のホームページでは特別養護老人ホーム「喜界園」，老人デイサービスセンター，保健センターすこやか，はまゆり学園（知障更生施設），ひまわり第一保育園・ひまわり，第二保育園，喜界町社会福祉協議会，喜界町国民健康保険診療所が紹介されている。このほかグループホームがじゅまる，ほっと館小規模作業所，ひまわり介護支援事業所，聖愛の里デイサービスセンター，徳洲会病院の通所リハ，訪問看護，有料老人ホーム（建設中）もある。

　喜界町の65歳以上の高齢者人口は2789人で高齢化率は32.3％である。喜界園は，入所定員80人，短期入所20人の比較的大規模な老人ホームであるが，小規模グループホーム等もある。保育所内には子育て支援センターを

たちあげている。地域で4か所，地域ボランティアが地域公民館で月2回程度，お母さんや子どもとの交流活動を行っている。また子育て支援活動としては，てくてく教室（知的障害児支援）の活動がある。また小規模作業所「ほっと館」は，地域で生活をする精神障害のある方達にとって，かけがえのない場になっている。ほっと館のいちばんの資金源となる作業は，名刺作りのようである。

　喜界町の地域福祉推進に活躍するのが，社会福祉協議会である。社会福祉協議会の実施している事業は，大きく分けると介護保険事業，地域福祉事業に分かれている。介護関係事業では居宅介護支援，訪問介護，訪問入浴介護，福祉用具貸与の事業を実施している。障害福祉事業が居宅介護，相談支援事業を実施している。

　地域福祉事業にはいきいきサロン，保健福祉ネットワーク事業，心配ごと相談，ボランティアセンター事業がある。いきいきサロンは町内12集落で月に1回開催しており，この事業は安否確認効果や介護予防の機能があり，また誰でも参加できることから地域住民に大きな支持を得ている。保健福祉ネットワーク事業では，民生委員や在宅福祉アドバイザーを中心として，町内37集落中27集落で安否確認や声かけの活動を行っている。この活動組織を利用して災害時の避難体制を整えている地区もあることから，これからますます充実が求められる。心配ごと相談は相談を通じてニーズを発見する機能として社協のアンテナの役割を果たしている。近年，○○相談と題して多数の団体が相談窓口を設けている。住民の中には困惑している例もあることから調整機能が必要との意見も出ている。ボランティアセンターはボランティア講座の開催や介護体験研修受け入れ等を行っている。ボランティア登録者が頭打ちになっているのが課題である。

6　ユイの島，徳之島

　徳之島は，鹿児島の南南西468 kmにあり，3つの自治体からなる。それぞれの人口は，徳之島町1万2339人（平成21年1月現在），伊仙町7455人（平成21年3月現在），天城町6813人（平成22年1月現在）である。

「コバルトの海に囲まれた，ここは南のパラダイス，自然あふれる徳之島，人情の島，ユイの島」

これは，徳之島出身のアーティスト貞一馬の曲で，徳之島では子供からお年寄りまで愛されており，イベントがあると必ずといっていいほど聞こえてくる曲である。この唄が浸透したのは，もちろん徳之島出身のアーティストということもあるが，昔からユイのこころが暮らしの根底にあったからではないだろうか。

"ユイ"とは"結い"とも書き，辞書に"結い"とは，「田植え・屋根ぶきなど，助けあってする共同作業」とある。台風で倒れた"またやどい"（粗末なカヤぶき住居）を集落民全部で，つぎからつぎと立て直して行く。田植えから収穫までの作業も隣組で行う。さとうきびの刈り取りから黒糖づくりも共同作業で処理する。そして一日の労を終え，一同が盃を交わしながら明日の仕事について，段取りなどを話し合う。

徳之島では，こうして，楽しみも苦しみも分かち合い，励ましあって今日の集落を築いてきた。この，"ユイ"（助け合い励まし合い）の精神は，集落の根底に脈々として，今も確かに息づいている（天城町ホームページより一部引用）。

このように結いは徳之島の助け合いの精神の基本とも呼べるものである。一般には，農業のときだけのものと考えられがちだが，基幹産業がサトウキビ栽培の徳之島では，これは生活全般で息づいている。例えば，農繁期において，小さな子どもや介護の必要な高齢者が家族にいた場合でも隣の友人が預かったり，面倒をみたりをすることが当たり前のように行われてきた。

近年の福祉情勢により，子どもは保育園へ高齢者は施設やヘルパーを利用して生活様式はさまがわりしているが，子どものころから培っているユイのこころはすたれてはいない。現在でも夜電気がついていない一人暮らしのお年寄りの家があると，近所の人が親戚に連絡をしたり，台風のときなども近所の人が安否を確認したりする。また，ある集落では，一人暮らしのお年寄りの家の庭掃除を毎週日曜日に青年団がしに行ったり，行方不明の人がいると自分の仕事を休んででも地域全員で捜索を行うなど，お年寄りが暮らしやすいようこころがけられている。子育ても同様に周囲が協力的であり，母子

第9章　離島の福祉

家庭の母親が仕事の時には，知り合いが子どもを預かったり，保育園まで迎えにいくなど協力する風土，すなわちユイの心が培われている。

これらのことから，奄美群島の中でも特に突出した長寿（本郷かまとさんや泉重千代さん）の島として全国に知られ，これが平成21年初頭に発表された合計特殊出生率が全国で上位三位まで徳之島三町が独占できた背景であろう。

また，島民の障害者に対する気持ちは障害を持っている人も持っていない人もふつうのことと考え，差別意識等はないのではないかと思う。利用者と飲食店で食事をしていても，珍しそうに利用者の様子をうかがったりする人もいない，だが，反対に障害をもっているからと言って過剰に反応する店員さんもいない。逆に悪いことや迷惑をかけるようなことがあると障害のあるなしに関係なく怒られてしまう。まさしくノーマライゼーションの理念に沿った地域といえるのではないか。

7　花の島，沖永良部島

沖永良部島（おきのえらぶじま）は鹿児島県奄美（あまみ）諸島南部に位置する島である。面積93.7 km^2。古生層の基盤を第四紀の琉球石灰岩（りゅうきゅう）が数段の隆起サンゴ礁となって覆う島には，和泊町，知名町の二つの町があり，それぞれ農業特に花卉（かき）（観賞用植物）の生産とサトウキビの生産がさかんである。猛毒をもつハブもおらず夜間でも農作業ができ，農業所得も高い。島の東部に沖永良部空港があり，鹿児島，奄美大島，沖縄（那覇）との間に定期便がある。また鹿児島港からの定期船も寄港する。島の人口1万4551人（平成17年）。平成21年に発表された合計特殊出生率では，和泊町は全国4位と子宝の島でもある。

和泊町の福祉事業としては，特別養護老人ホームが1か所，デイサービスが3か所，介護老人保健施設が1か所，指定訪問介護ステーションが2か所，障害者就労支援施設が1か所，子ども療育センターが1か所，保育所が4か所運営されている。特に地域福祉の推進には，社会福祉協議会が活躍している。

知名町も同様に社会福祉協議会が地域福祉をすすめ，特別養護老人ホームが1か所，養護老人ホームが1か所，デイサービスが3か所，小規模多機能

型居宅介護施設が2か所，障害者の地域活動支援センターが2か所，保育所が4か所運営されている。また，医療面も充実しており，これらの福祉施設を9か所の病院・診療所が支え，施設利用者の健康の安心感に結び付けられている。

島全体にゆったりとした時間が流れ，島外者をごく自然に受け入れる島の方たちの明るさと温かさもある。寒暖の差も少ないため住みやすく，何より都会に比べ，人とのつながりも濃く地域の皆さんが「助け合い」の中で生活しているため，都会にいる時よりも収入が低くても，安心して生活することが出来るということで，都会からの移住する人も増えつつある。

島の周囲は約60 km あり，最高点も西部にある大山で246 m と他の奄美群島の島々より平坦な島で交通手段もバスなどの公共交通機関が整備されているが，スーパーなどで買い物をしていると○○まで送っていってもらえないかとお年寄りから話しかけてこられたり，ウォーキングしていても歩くの大変だからと車で送ろうと誘ってくださる方もいる。障害者，お年寄りのなかには，しまぐち（方言）しか通じない方もおられ，事業所の職員がしまぐちで対応する場面が日常的にみられるところも島らしい。

8　与論島
―― 与論献法と福祉 ――

与論島は琉球石灰岩の上に亜熱帯植物が茂り，真っ白なしぶきを浴びる珊瑚礁によって取り囲まれ，しけのとき船上から眺めると波間に見え隠れするほど平らな島である。鹿児島県の最南端に位置し，鹿児島県と沖縄県との県境の島として美しい自然を護り，独特の生活文化を育んできた一島一町の島で，人口は5581人（平成21年）である。沖縄本島辺戸岬の北方約23 km の距離にあり，北の方に沖永良部島と徳之島，南方に沖縄島，南西方向に伊平屋島を眺望することができる。周囲23.7 km，面積20.5 km^2 の小さな島であり，山岳や河川のない低平な地形でもっとも高いところでわずか97 m である。平均気温23度と温暖な亜熱帯気候で，色鮮やかな花々が咲き乱れ，また島をぐるりと囲む珊瑚礁の海は，神秘に満ちあふれている。

福祉事業所は特別養護老人ホームが1か所，デイサービスが2か所，介護老人保健施設が1か所，グループホームが1か所，障害者就労支援施設が1か所，療育センターが1か所，保育所が4か所運営されており，病院・診療所も4か所あり，島の住民の健康を守っている。
　障害者施設利用者の身元引受人は親がなる場合が多いが，与論では，親の年齢にとらわれず，子ども，兄弟が身元引受人になっている家庭が多く，障害を持った人を子供，兄弟が責任を持つ風土が出来上がっている。その背景には，平成17年まで島内に障害者の事業所がなく，一番近くにある入所障害者施設は徳之島か，沖縄本島であり，どちらにしても船で6時間程度かかり，高齢の身元引受人の場合，負担が大きくなること，そのため体力のある青年にお願いしなければならなくなるということがあるのではないかと考えられる。若い力で団結し，町も社会福祉協議会も積極的に障害者団体に係わっており，長年，障害者の日中活動の拠点の場の確保のため，兄弟達が必死に携わって障害者就労支援施設を開設している。また離島の障害児教育の念願であった分教室設置に向け，2010年から大島養護学校の分教室の設置が計画され，障害児の療育センターも町独自の指定により運営されるなど，福祉事業に利用者，家族の団体と，町や社会福祉協議会が三位一体となって実現に向け活動を行っている。
　与論島には，島外者等をもてなす作法として，与論献奉というものがある。与論献奉の作法は，まず献奉を回したい人が一言口上を述べた後に毒味と称して大杯（正式には大杯だが普通はコップ）になみなみと注がれた焼酎を飲み干し，頭の上で杯をひっくり返す。これは神に捧げましたという意味と，最後の一滴までいただきましたと証明する意味がある。それから隣の人に同じように注がれた杯が回され，その人も一言口上を述べた後，同じように一気に飲み干さなければならない。この与論献奉は歓迎行事以外，地元の宴席でも宴会の作法として行われる。それは，福祉関係者の宴会でも同様である。福祉施設の利用者や家族，施設や社協の職員，町長をはじめ役場の職員，和やかな雰囲気の中で，皆が思い思いの意見，してほしいことなどを話し合う。お互いの相互理解や連携のあり方は，こうした宴席の中でも深められていくのである。

第10章
社会福祉と評価活動

1　社会福祉事業を評価する

(1)　評価事業導入の背景

　戦後長い間社会福祉の基本法であった「社会福祉事業法」が2000年（平成12年）に改正され，「社会福祉法」が制定された。同時に介護保険制度がスタートする。そして2003年（平成15年）には障害者を対象とした支援費制度がスタート，さらにその2年後には障害者自立支援法が制定された。これらに代表される一連の福祉制度改革が「社会福祉基礎構造改革」であり，「措置制度」から「利用契約制度」への方向転換である。これまで行政から指定されたサービスを指定された事業所でしか受けられなかったものが，利用する側の自由意志でサービスや事業者を選択することが出来るようになった。この「利用者の選択する権利」が確保されるためには，サービス提供者の側から十分な情報が提供されることが必要となる。またサービス提供者の側も，情報提供や情報開示を行うことで「利用者の選択」を通して事業者間の競争にさらされる事になり，「自ら提供するサービスの質」を向上させなければ事業の継続が不可能となる。

(2)　評価事業の目的

　一定の要件（実務経験や資格，養成研修の受講等）を満たした第三者が，標準化された基準に基づいて専門的かつ客観的な評価を行うことによって，①個々のサービス提供事業者が運営上の問題点を把握し改善することで，サービスの質の向上に結びつけること，②その結果を公表することで利用者のサービス選択に寄与する，ことがその目的である。

(3)　評価三事業とその法的根拠

　評価三事業は，グループホームや小規模多機能ホーム等の老人施設を対象とする「地域密着型サービスの外部評価」，全ての福祉サービスを対象とする「福祉サービス第三者評価」，介護保険の適用事業所を対象とする「介護サービス情報の公表」である。それぞれの事業の詳細については後述するが，

「地域密着型サービスの外部評価」「介護サービス情報の公表」は年1回の受審が義務付けられているのに対し,「福祉サービス第三者評価」の受審は任意となっており,その法的根拠は以下の通りである。

① 地域密着型サービスの外部評価

指定地域密着型サービスの事業の人員,設備及び運営に関する基準
　　第72条第2項　指定小規模多機能型居宅介護事業者は,自らその提供する指定小規模多機能型居宅介護の質の評価を行うとともに,定期的に外部の者による評価を受けて,それらの結果を公表し,常にその改善を図らなければならない。
　　第97条第7項　指定認知症対応型共同生活介護事業者は,自らその提供する指定認知症対応型共同生活介護の質の評価を行うとともに,定期的に外部の者による評価を受けて,それらの結果を公表し,常にその改善を図らなければならない。

② 介護サービス情報の公表

介護保険法　第135条の35
　　介護サービス事業者は(中略),その提供する介護サービスに係る介護サービス情報(介護サービスの内容及び介護サービスを提供する事業者又は施設の運営状況に関する情報であって,介護サービスを利用し又は利用しようとする要介護者等が適切かつ円滑に当該介護サービスを利用する機会を確保するために公表されることが必要なものとして厚生労働省令で定めるものをいう。)を,当該介護サービスを提供する事業所又は施設の所在地を管轄する都道府県知事に報告しなければならない。
　　2　都道府県知事は前項の規定による報告を受けたときは,当該報告をした介護サービス事業者に対し,(中略)調査を行うものとする。(以下3～7項は省略)

③ 福祉サービス第三者評価

社会福祉法　第78条

社会福祉事業の経営者は，自らその提供するサービスの質の評価を行うことその他の措置を講ずることにより，常に福祉サービスを受けるものの立場に立って良質かつ適切な福祉サービスを提供するよう努めなければならない。
　2　国は，社会福祉事業の経営者が行う福祉サービスの質の向上のための措置を援助するために，福祉サービスの質の公正かつ適切な評価の実施に資するための措置を講ずるよう努めなければならない。

(4)　鹿児島の評価機関と対象事業所数
それぞれの評価事業の実施機関とそれぞれの事業の対象となる事業所数は，現在**表 10-1** および**表 10-2** の通りである。

表 10-1　鹿児島の評価機関（2009年）

評価機関	介護サービス情報の公表	地域密着型サービスの外部評価	福祉サービス第三者評価
福祉21かごしま	○	○	○
シルバーサービスネットワーク鹿児島	○	○	○
鹿児島県社会福祉士会	○		○
社会保障制度活用支援協会	○	○	
NPOさつま	○	○	○
自立支援センター鹿児島	○	○	○

（出所）　鹿児島県ホームページより。

表 10-2　各事業ごとの対象事業所数

事業名	事業所数	備考
介護サービス情報の公表	2443	平成21年4月1日現在
地域密着型サービスの外部評価	369	平成21年4月2日現在
福祉サービス第三者評価	2131	平成20年4月1日現在

2　福祉サービス第三者評価事業

(1)　福祉サービス第三者評価事業の経緯

　福祉サービス第三者評価事業（以下，第三者評価と呼ぶ）は，平成9年厚生省（当時）において検討が開始された社会福祉基礎構造改革の理念を具体化するためのシステムの一つとして位置づけられたものである。社会福祉制度は，国民の自立した生活を支援するサービスを保証する役割を担っているが，社会経済構造改革，少子高齢化，社会環境の変化に伴う福祉需要の変化などにより，戦後に構築された仕組みのままでは対応できなくなってきた。これらの変化に柔軟に対応するために，戦後50年にわたる社会福祉事業法にもとづく社会福祉制度の共通的な基盤制度の見直しを図ったのが，平成9年から始まった社会福祉基礎構造改革であり，その理念と改革の基本的方向は，次の7点，①サービスの利用者と提供者の対等な関係の確立，②個人の多様な需要への地域での総合的な支援，③幅広い需要に応える多様な主体の参入促進，④信頼と納得が得られるサービスの質と効率性の向上，⑤情報公開等による事業運営の透明性の確保，⑥増大する費用の公平かつ公正な負担，⑦住民の積極的な参加による福祉の文化の創造であり，この基本的方向④「信頼と納得が得られるサービスの質と効率性の向上」のあり方に関する「社会福祉基礎構造改革について（中間まとめ）」（平成10年6月）の提言により，厚生労働省は「福祉サービスの質に関する検討会」を設置し，第三者評価のあり方について検討を開始した。そして，平成13年3月「福祉サービスにおける第三者評価事業に関する報告書」としてとりまとめられ，5月に「福祉サービスの第三者評価事業の実施要領について（指針）」が通知として発出された。

　その後，第三者評価のさらなる普及・促進を目的として統一的に第三者評価基準の策定等を行い，新指針を取りまとめて平成16年5月7日に「福祉サービス第三者評価事業に関する指針について」が発出され現在に至っている。

(2) 福祉サービス第三者評価事業の意義と目的

　社会福祉基礎構造改革の進展により，多くのサービスが行政処分により福祉サービスの内容を決定する措置制度から，利用者が事業者と対等な関係にもとづいて福祉サービスを選択する利用契約制度へと移行し，利用者本位のシステムができた。利用契約制度は「事業者と利用者が対等の関係」であることを前提としている。この関係を担保するために苦情解決制度，権利擁護制度，第三者評価制度等が制度化された。また一方では，利用者のために一定基準以上のサービスの質を担保しながら利用者の選択の幅を拡げることが求められる。最低基準を遵守したうえで，さらに自らが提供するサービスの向上のための自主的取り組みを支援する仕組みの整備が必要である。

　当事者（事業者及び利用者）以外の公正中立な第三者評価機関が，専門的で客観的な立場から事業者の提供するサービスの質を評価することにより，事業者はサービス改善のための客観的指標を得ることになり，その改善に努めることでサービスの質が向上する。また，提供するサービスについての客観的な認識に努めることによって，福祉サービスの多様化が促され利用者の選択肢が拡がることになる。さらに，その評価結果を公表することにより，結果として利用者のサービス選択に役立つ情報にもなる。

(3) 第三者評価の受審状況

　平成18年度にスタートした鹿児島県における第三者評価の受審状況は平成21年1月26日現在，全評価機関をあわせても18である。第三者評価の対象となる事業所の定義は各県でそれぞれ違いがあるが，鹿児島県においては「社会福祉法に定義する第1種および第2種事業」すべてを対象とすることとなっており，その数は約3000となる。そのなかで，入所・通所を問わず日常的・継続的に利用される主な施設の数は平成20年度版「鹿児島県保健・福祉施設一覧」によれば2288（平成20年4月1日現在）であり，受審がいかに少ないかがわかる。

　平成17年度から19年度までの全国の受審実績をみると累計で6865件となっており，件数および受審率ともに東京・京都・石川が高い。WAM

NETに掲載された評価結果は平成21年10月16日の段階で，全国で1244件となっている。

（4） 第三者評価受審のメリット

制度上のメリットとして，第三者評価を受信することにより行政の指導監査を毎年から複数年に1回にする，保育においては措置費の弾力運用を認めるなどの措置が行われている。第三者評価の受審件数の多い都道府県では，受審費用の一部負担や介護サービス情報の公表と同時に実施できるなどの独自の措置を設けている。鹿児島県においては，法人本部の運営について特に大きな問題が認められない，かつ経営する社会福祉事業について施設基準・運営費や報酬の請求等に特に大きな問題が認められない場合で，第三者評価を受審して結果の公表を行いサービスの質の向上に努めていると認められた場合，第三者評価を受審した年度から起算して4年目の年度まで法人の監査を行わないこととしている。また指導監査の際の自主点検表のチェックポイントに第三者評価を受審する意思の有無を入れることや，県社会福祉協議会人材研修センター主催の施設管理者研修の際に第三者評価についての理解を深めるための単元を設けるなど，第三者評価事業に関する啓発と受審促進を図っている状況である。

（5） 受審事業所の声

第三者評価を受審した事業者からは次のような声があがっている。

- 現在提供しているケアへの自信と同時に，より求められる施設となるための課題が明確になった。（特別養護老人ホーム）
- それまで抽象的だった課題が具体的になり，課題解決への取り組みの進路が見えてきた。（介護老人保健施設）
- 自己評価を通じて職員間にサービス向上意識と提供するサービス内容の明示の必要性について共通理解が深まった。（知的障害者更生施設）
- 法人の現状について，職員として見えていなかった様々な課題が，手に取るように具体的に分かってきた。（児童養護施設）

・職員と一緒に自己評価を行うにあたり，何回も会議を持ち，一つ一つ検討していく中で行き違いや考え方の認識の違いなども出てきたことによって，より話し合いが深まり，お互いの共通理解が持てたことはとても良かった。（保育所）

　第三者評価の結果およびその後の改善への取り組みはもちろんであるが，受審までの準備の過程が重要であることが受審事業所の感想からうかがえる。
　第三者評価の具体的な受審の流れは図 10-1 のとおりである。

3　介護サービス情報の公表

(1)　「介護サービス情報の公表」制度の背景と経緯
①　背景と経緯

　介護保険は「利用者本位」「高齢者の自立支援」「利用者による選択（自己決定）」を基本理念として，2000 年 4 月に施行された。すでに医療の第三者評価が始まっており，福祉第三者評価も検討されるなか，2005 年の介護保険法改正において「介護サービス情報の公表」制度が明確に位置づけられて，2006 年 4 月から試行されている。当初は「第三者評価」として検討されてきたが，「情報開示の標準化」などやや紆余曲折がありながらも「介護サービス情報の公表」としてスタートしている。
　2005 年度に要介護認定を受けた高齢者は 400 万人を超え，介護保険適用事業所数は 14 万箇所を超えている。介護保険法施行でほとんどの老人施設は措置から契約に移行し，利用者の選択権が保障されたところである。しかし，入所施設はその供給が需要を満たせず，実際には選択権の行使は行いがたく，「情報の非対称性」により「交渉」に届かないケースが多く見受けられた。供給側に有利な立場は従来と変わらず，対等な契約関係による自己決定権の行使に至らないのであった。選択権が事業者から利用者に移ることにより，介護サービスの質向上が期待されたが，十分に浸透しがたい側面があったのは事実である。

図 10-1 福祉サービス第三者評価の流れ

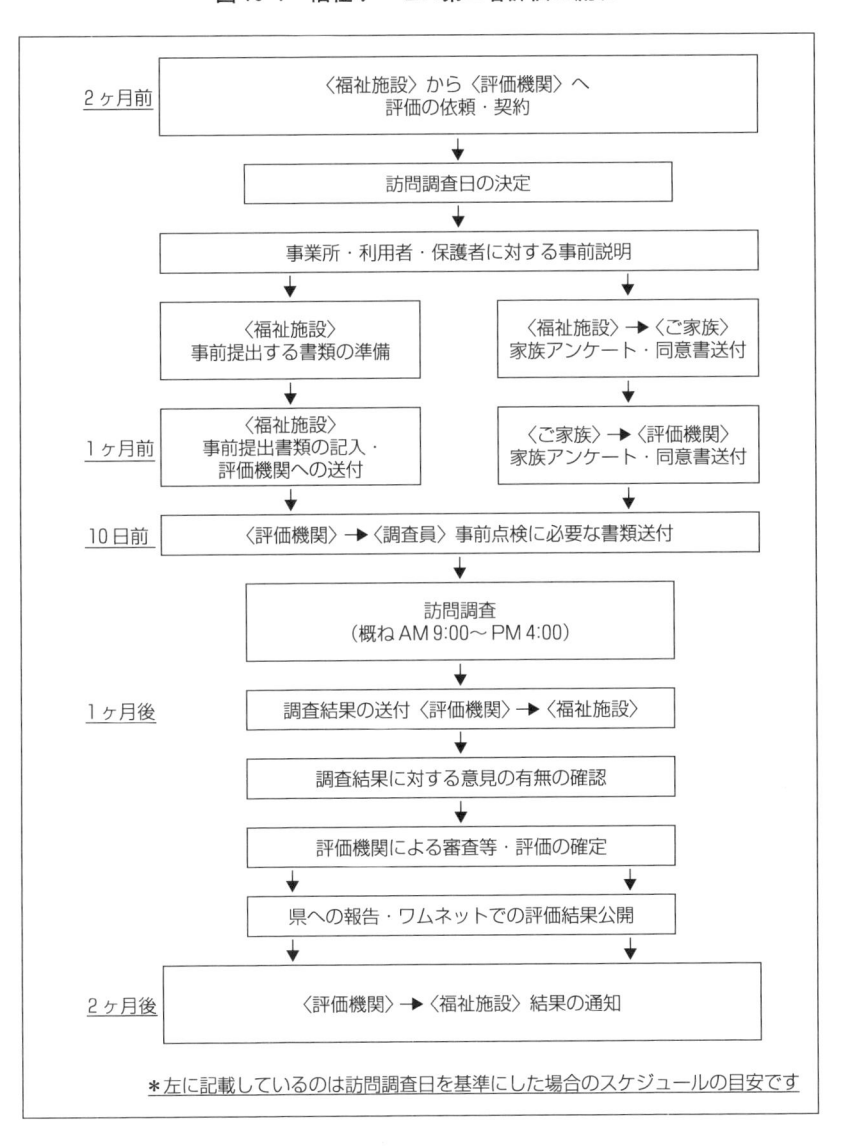

2ヶ月前	〈福祉施設〉から〈評価機関〉へ評価の依頼・契約
	↓
	訪問調査日の決定
	↓
	事業所・利用者・保護者に対する事前説明
	↓
	〈福祉施設〉事前提出する書類の準備／〈福祉施設〉→〈ご家族〉家族アンケート・同意書送付
1ヶ月前	〈福祉施設〉事前提出書類の記入・評価機関への送付／〈ご家族〉→〈評価機関〉家族アンケート・同意書送付
10日前	〈評価機関〉→〈調査員〉事前点検に必要な書類送付
	↓
	訪問調査（概ね AM 9:00〜 PM 4:00）
1ヶ月後	調査結果の送付〈評価機関〉→〈福祉施設〉
	↓
	調査結果に対する意見の有無の確認
	↓
	評価機関による審査等・評価の確定
	↓
	県への報告・ワムネットでの評価結果公開
2ヶ月後	〈評価機関〉→〈福祉施設〉結果の通知

＊左に記載しているのは訪問調査日を基準にした場合のスケジュールの目安です

2001年12月28日の閣議決定「高齢社会対策の大綱について」に始まり，「規制改革推進3ヵ年計画」，「2015年の高齢者介護」などで，第三者評価や情報公開の必要性などが検討・指摘され，情報提供を通じて自己決定権を保障する手段として「情報の公表」に至っている。本制度が介護保険制度の補完機能をもつべく，都道府県には一定の要請があり，鹿児島県においても適切な運営に腐心したところである。国の立場では，都道府県により温度差のない均質な運用であり，都道府県では調査機関や調査員による差が出ないように配慮するところである。

②　義務としての「介護サービス情報の公表」と役割と機能

　介護保険適用事業所は「介護サービス情報の公表」の調査を毎年受けなければならない。売上100万円未満の適用除外等を除く義務規定である。調査はNPO法人等の調査機関を指定して行うので，当該調査機関の調査員は当該調査に関してはみなし公務員となり，公務員法の適用となり調査業務は公務である。その調査手法は第三者評価とは概念が異なり，先進国でも例のないシステムとなっている。法令に規定する各種規定やマニュアルの有無を確認するものであって，その内容を評価するなどの内容確認を伴わないことにその特徴がある。福祉第三者評価では社会福祉法に基づく努力義務となっており，病院機能評価は法令上の規定はない。第三者評価等を法律上の義務とすることには疑問が呈されており，質向上の役割を法律がどのように担うか，その在りかたについては十分な議論がなされていないのである。よって，制度設計は行政監査の基本資料たる各種規定やマニュアルの存否に徹しており，コンプライアンスが不十分なときは行政監査の役割が想定されているものと推察される。

　利用者の便については，①地域にある介護事業所について，同じ項目をもとに比較・検討できること。②公表される情報はすべて，いつでも誰でも自由に入手できること。③家族をはじめ，介護支援専門員や介護相談員などと同じ情報を共有でき，サービス利用における相談がしやすいこと。④事業所が公表している情報と，実際のサービス利用場面で行われる事実が比較できるので，利用しているサービスの状況がいつでも確認できることなどがある。

法律上の制度であるので，中立性・公平性，調査の均質性を確保しつつ都道府県（またはその指定機関等）が実施主体となっている。

　公表される情報には「基本情報」と「調査情報」の2種類あり，「基本情報」は，職員体制，利用料金などの基本的な事実情報で，事業所が報告したことがそのまま公表される。「調査情報」は，介護サービスに関するマニュアルの有無，サービス提供内容の記録管理の有無など，事業所が報告した情報について都道府県（指定調査機関に所属する調査員）が事実確認の調査を行ったうえで，公表される仕組みである。

③　一人調査体制と外部評価との調整

　2009年度から調査員が1人（以上）体制となった。制度創始時から主任調査員（ケアマネージャ等一定の要件を満たす者）と調査員の2人体制で行われてきた調査体制が変更されたのである。各県は，これに伴いコスト減少があるとして，調査手数料の大幅減となる条例改定を行っている。調査業務の合理化と効率化を目指すものとされるが，一人体制を不安がる調査員も少なくないところである。また，県内に居住する調査員が同一県内を調査することからも，一人体制に疑問を呈する向きもある。

　外部評価（認知症対応型グループホーム）の並存についても法制上の整合性を求められ，「介護サービス情報の公表」の対象となった。従来の外部評価と併せ二重受審となる。運用上の課題も多く，二重受審は経過的となるが，事業所の負担は小さくない。また，調査機関も重複しているところがほとんどであるため，調査員の負担感もある。

(2)　鹿児島の現状と固有性
①　鹿児島県の現状

　2009年度鹿児島県「介護サービス情報の公表」計画は，「介護サービス情報の公表」制度を円滑に施行するため，「介護サービス情報の報告に関する計画」等に基づいた計画が策定されている。計画の基準日は，2009年4月1日で，計画の期間は2009年6月12日から2010年3月31日までとなる。

表 10-3　2009年度の調査対象事業所の種別と件数

サービス種別	対象事業所数	サービス種別	対象事業所数
訪問介護	329	訪問入浴介護	60
訪問看護	126	訪問リハビリテーション	69
通所介護	336	通所リハビリテーション	235
福祉用具貸与	71	特定施設（有料老人ホーム）	26
介護老人福祉施設	146	特定施設（軽費老人ホーム）	1
介護老人保健施設	72	介護療養型医療施設	58
居宅介護支援事業所	425	合　計	1954

（総事業所数：2104）

表 10-4　調査手数料

| 区　分 | 事業所が負担する額 | | （単位：円） |
	調査手数料	公表手数料	合　計
居宅系サービス	25,000【改正前：36,000】	12,000	37,000【改正前：48,000】
施設系サービス	27,000【改正前：40,000】		39,000【改正前：52,000】

　報告の提出先は，鹿児島県知事が指定情報公表センターとして指定した「鹿児島県社会福祉協議会」である。報告の方法は，①インターネットにより「介護サービス情報報告システム」に接続を行い，パソコンの画面から情報を入力の上，送信する。② 調査票様式に入力又は記入の上，電子メール等により報告するのいずれかである。

　2009年度の調査対象事業所の種別と件数は**表 10-3**の通りである。

　調査手数料は県条例により**表 10-4**の通りである（2009年度）。

②　鹿児島県の固有性――離島

　鹿児島県は多くの離島があり，離島にも本土と同様の配慮をすることは重要である。大小 35 の島（有人 28 島）があり，南北に 600 キロメートル以上広がっており，鹿児島から大阪の距離に匹敵し，鹿児島を中心に同心円を描

くと韓国も含まれるほど広い。実際の調査にあたり課題となることは旅費の負担である。最も近い種子島で空路往復2万2800円，沖永良部では5万3600円（2009年10月）になり，日帰りは不可能なのでさらに宿泊費が必要になる。船舶での移動は宿泊日数を増やす結果になる。離島の調査旅費は調査手数料に含まれる（施設系で2万7000円）とされるので，離島の調査は赤字となる。しかし，離島の事業所に旅費負担を求めるのは公平性の見地から疑念がある。また，調査員は身分を明かさないが，そのほとんどは医療・福祉・介護等の現業をもっているので，時間の確保に限界がある。このように，ボランティア的な働きに依存しており，3日以上離島に赴くことはなかなか困難な状況もある。

　このように，調査機関にとって離島調査は課題が多い。とりわけ旅費の面での工夫が必要であり，固有の問題として解決が望まれる。たとえば，奄振（奄美群島振興開発特別法第2条第2項）の活用などの検討も期待される。他にも，鹿児島県固有の状況等により調査機関の採算は厳しい。2009年度は前年度比でさらなる調査手数料減額が決定したので，当NPOでは，パート職員を1人減らし，事務所を移転して固定費の削減を図ったところである。

　③　公表センター（鹿児島県社会福祉協議会・利用支援センター）
　鹿児島県では，制度発足時より県社協利用支援センターが公表センターに指定され積極的に関与している。準備段階を含め，当NPO法人などと協力しながら県の運用体制を整備してきている。必要に応じ県を交えるなどし，2006年8月からは，ほぼ毎月，全調査機関を交えた検討会議を開催し，調整等を行いながら制度の適切な運用に対応している。「介護サービスの公表」「外部評価」「福祉第三者評価」などが，ほぼ同時期に始まっており錯綜しながらの作業であったが，利用支援センターの存在が高く評価される。今後の益々の活躍が期待されるところである。

　（3）　最　後　に
　公表制度は，介護保険適用事業所の取り組みを「ある」「なし」の観点の

みで確認するものであり，質の評価を伴うものではない。法定の規程やマニュアルの存否を問うものである。サービスの中身を検討し，何らかの評価を伴うものではない。しかし，他方，最低限の取り組みを，「ある」「なし」でネット上で見ることができる。すなわち，事実情報の公表という価値は見出せる。

「開示」ではなく「公表」という価値観をどのように活用できるかは，利用者しだいである。公表される事実が第三者評価的視点を含むことが出来るなら，サービスの質の向上に関する項目が含まれるなら，さらなる役割の充実を期待できると思われる。

4　外部評価

（1）　外部評価の経緯

現在，認知症対応型共同生活介護（以下「グループホーム」）と小規模多機能型居宅介護（以下「小規模多機能事業所」）に義務付けられている「外部評価」は，1999年全国痴呆性高齢者グループホーム連絡協議会（現在は社団法人日本認知症グループホーム協会）がグループホームのサービス評価（自己評価・外部評価）のモデル事業に取り組んだことが始まりである。このモデル事業は，1999年から3年間にわたり実施され，評価項目や手法，評価調査員の要件や研修方法等についての検討が重ねられ，これらを基盤として厚生労働省はグループホームに対して2001年から自己評価を義務付け，2002年からは外部評価を義務付けた。

外部評価が義務付けられた2002年から各都道府県における評価体制が整うまでの2005年9月末までを経過措置期間として，認知症介護研究・研修東京センターが評価機関としての業務を担っていたが，2005年10月以降は各都道府県における外部評価の本格的な展開が始まった。

2006年には，地域密着型サービスの創設とともに制度化された小規模多機能事業所に対しても外部評価が義務付けられることとなり，グループホームと小規模多機能事業所は原則として年1回自己評価と外部評価に取り組み，その結果を公開することになった。

2009年には，グループホームと小規模多機能事業所に「介護サービス情報公表制度」が適用されることになり，それに伴う外部評価項目の見直しや両制度の同一日実施についての提案が行われた。また，5年間継続して外部評価を実施しており，かつ，この間市町村との連携や適切な運営推進会議の開催等により事業運営の透明性やサービスの質が確保されていると判断された事業所は，都道府県の判断により外部評価を2年に1回実施すればよいこととなった。

（2）　外部評価の目的
　外部評価の目的は，評価作業の一連の過程を事業者が主体的に取り組み，評価結果から具体的な改善や情報公開等を活かして，良質なサービスの水準を確保し，さらなる向上を図っていくことであり，一定の尺度や基準を設けて「有・無」や「できている・できていない」を確認して画一化を図ったり，ランク付けをするものではない。自己評価も含めたサービス評価の目的は以下の5点に整理される。①利用者及び家族の安心と満足の確保を図ること。②ケアサービスの水準を一定以上に維持すること。③改善点を明確にし，改善に向けた関係者の自発的努力と体制作りを促すこと。④継続的に評価を行うことを通じて，関係者による自主的な研修等によるケアの向上を促す教育的効果をねらうこと。⑤小規模多機能事業所及びグループホームに対する社会的信頼を高めること。

（3）　外部評価の流れ
外部評価の流れは以下のようになっている（図10-2参照）。

① 事業所が外部評価を受けようとするときは，都道府県が選定した評価機関に評価の依頼を行う。
② 事業所は評価機関との間で評価業務委託契約を結び，契約に基づき評価手数料を支払う。
③ 事業所は事前提出する書類（情報提供調査票・過去1年間の退居者の状況及び職員の異動状況・前回の外部評価結果の詳細版・その他事

図10-2　外部評価の流れ

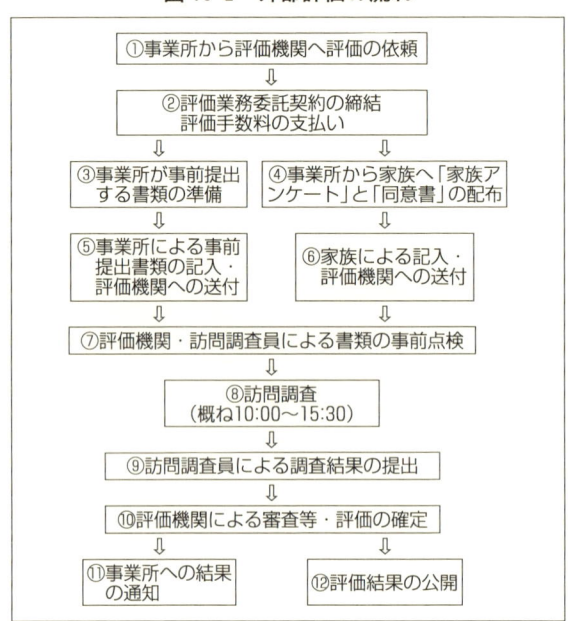

```
①事業所から評価機関へ評価の依頼
           ⇩
②評価業務委託契約の締結
　評価手数料の支払い
    ⇩              ⇩
③事業所が事前提出    ④事業所から家族へ「家族ア
  する書類の準備      ンケート」と「同意書」の配布
    ⇩              ⇩
⑤事業所による事前    ⑥家族による記入・
  提出書類の記入・    　評価機関への送付
  評価機関への送付
    ⇩              ⇩
⑦評価機関・訪問調査員による書類の事前点検
           ⇩
⑧訪問調査
（概ね10:00～15:30）
           ⇩
⑨訪問調査員による調査結果の提出
           ⇩
⑩評価機関による審査等・評価の確定
    ⇩              ⇩
⑪事業所への結果    ⑫評価結果の公開
  の通知
```

業所の運営やサービス提供に関わる文書，パンフレット等）を準備する。

④　事業所は家族へ「家族アンケート」と「同意書」を送付する。
⑤　事業所は③の事前提出書類を記入し，評価機関に送付する。
⑥　家族はアンケートを記入し，評価機関に直接送付する。
⑦　評価機関は事業所から提出された書類及び家族アンケート調査の事前点検を行う。
⑧　評価調査員が事業所を訪問し，外部評価項目についての調査を行う。
⑨　訪問調査を行った評価調査員は，書面調査及び訪問調査の結果を総合的に判断し，調査報告書を評価機関に提出する。
⑩　評価機関は，評価調査員から報告書の提出を受けたときは，評価委員会で承諾した後，事業所に対して報告書の写しを送付する。事業所から意見書の提出があった場合は，これを斟酌して報告書の内容を検討し，評価結果を決定する。

⑪　評価機関は，評価結果を決定したときは速やかに報告書を事業所に通知する。
⑫　評価機関は，評価結果をWAMNETに掲載し，公表する。

（4）　外部評価の内容と項目数の変化

外部評価項目数と内容については，2002年の制度開始時には自己評価が134項目，外部評価はそのうち第三者により点検可能な項目として71項目，家族アンケート13項目，アウトカム8項目が設定されており，評価内容は，「運営理念」「生活空間づくり」「ケアサービス」「運営体制」の4領域で構成されていた。

2006年にグループホームが地域密着型サービスとして位置づけられ，小規模多機能事業所も評価対象となった際に評価項目の見直しが行われ，自己評価87項目，外部評価30項目，家族アンケート12項目，アウトカム13項目となり，評価内容も「理念に基づく運営」「安心と信頼に向けた関係づくりと支援」「その人らしい暮らしを続けるためのケアマネジメント」「その人らしい暮らしを続けるための日々の支援」「サービスの成果に関連する項目」の5領域に再編された。

2009年にグループホーム及び小規模多機能事業所が「介護サービス情報公表制度」の対象となった際には，評価内容の分類に変更はなかったものの，公表制度との重複項目の削除や地域密着型サービスの質のポイントとなる項目を抽出して自己評価55項目，外部評価20項目と項目数が大幅に削減された（**表10-5**）。

（5）　本県における外部評価の実績

2009年8月現在，本県には県が選定した5つの評価機関が外部評価事業を実施しており，2005年以降の年度別及び各評価機関別評価件数は**表10-6**のとおりである。なお，全国及び本県のグループホーム，小規模多機能事業所数は**表10-7**のとおりとなっている。

表10-5 外部評価項目数の変化

項目の種類	2002	2006	2009
自己評価項目	134	87	55
外部評価項目	71	30	20
家族アンケート項目	13	12	12
アウトカム項目	8	13	13

表10-6 鹿児島県の外部評価機関の年度別評価件数

評価機関	2005	2006	2007	2008	合計
福祉21かごしま	9	66	61	37	173
自立支援センターかごしま	18	134	55	74	281
シルバーサービスネットワーク鹿児島	19	45	63	69	196
社会保障制度活用支援協会	1	20	34	69	124
NPO さつま	0	1	47	63	111
合計	47	266	260	312	885

表10-7 全国及び鹿児島県のグループホーム・小規模多機能事業所数

サービスの種類	全国	鹿児島県
グループホーム	10,117	319
小規模多機能居宅介護	2,192	50

（平成21年4月1日現在）

(6) 外部評価を活用した事業所の取り組み事例

　鹿児島県の大隅半島の東端，志布志市ののどかな田園風景の中に立つ「賀寿園グループホーム愛」は法人の基本理念である「和顔愛語」を基本として，笑顔と優しい言葉で接することを大切にしたケアを実践しているグループホームである。現在，2ユニットに18人の利用者が暮らし，管理者を含め14

人のスタッフが介護に当たっており，平成16年4月の開設以来，毎年外部評価を実施してきた。

　管理者は，外部評価によるプラス面について，①客観的な第三者による評価を受けることで，自分たちが気づかなかったことに気づくことができた，②サービスの質の向上という目的について，職員全体の意識を向上させることができた，③日頃滞りがちになっている書類の整理等を行う契機となる，と感想を述べている。具体的な改善点として，①法人理念や運営方針に加えて，地域密着型サービスとしての役割を果たすために日々のケアを実践する上での基本的な考え方をホームの運営理念として職員全員で作り上げ，実践に生かすことができたこと，②外部評価結果を全職員で共有し，改善に向けて話し合いを行う場を設け，実践に向けて取り組んだこと，③家族・行政・地域住民・専門家等が参加する運営推進会議を開催し，ホーム運営をより開かれたものにしたこと，等があげられた。

　一方で，外部評価の今後の改善点や課題として，①数年間連続して「できている」と評価された項目については，評価を簡略化するなどの措置をしてほしい，②利用者や家族がサービスを利用する場合に，外部評価結果を活用しているかどうかについては疑問があるので，制度のよりいっそうの周知を図るべきではないか，③毎年の行政監査や外部評価に加えて，介護サービス情報公表制度も義務付けられたことにより，それらへの対応に多くの時間を割かれる状況になっている。それぞれの必要性は認めるが，現場になるべく負担がかからないような配慮をしてほしい，等の意見が述べられた。

（7）　外部評価の今後の課題

　外部評価は，グループホームのサービス評価モデル事業として始まって10年，義務化されて7年が経過した。この間，グループホームや小規模多機能事業所等の地域密着型サービスの質を向上させることに大きな役割を果たしてきたことは間違いないが，これまでの取り組み状況や得られた成果を整理し，今後の評価内容や評価方法等について検討する時期に来ているのではないかと思われる。

5　調査員が語る評価事業
　　——外部評価を中心として——

　評価活動においては研修という形で調査員の質の担保が行われているが，最前線で評価活動に関わる調査員がどういったことに悩み，また評価活動に問題を感じているのかという点が十分に明らかになっていないように思われる。調査員の意見から制度そのもののあり方をフィードバックさせる仕事は，まさに調査活動をコーディネートしている本法人（福祉21かごしま）の行うべき役割であると思う。そこで外部調査員（介護情報の公表も兼務している者）に対するインタビューやパネルディスカッションを通じてこれらを明らかにした。インタビューは2008年5月に外部調査員2名に対してグループインタビューを実施し，それらを逐語記録にとり，主要なカテゴリーを導き出した。これらの資料をもとに同年6月に「福祉21かごしま定例セミナー」において2名の別の外部調査員をパネラーとして，パネルディスカッションを行った。ここではグループインタビューの内容を中心にパネラーの意見を付加して報告する。特に，(1)調査員が利用者や職員と一緒に昼食をとるというあり方について，(2)調査員のスキルや専門性について，(3)調査項目について，(4)施設側の対応について，(5)家族アンケートの有効利用について，(6)介護情報の公表との違いについて，の6点を取り上げる。

(1)　昼食を共にする意味
①　調査員の参加により食事状況が変化する（日常性が失われる）
　外部評価事業では，調査員が利用者や職員と昼食をともにすることになっている。外部から観察するのではなく，少しだけ参与観察的な要素が含まれる。これらは介護情報の公表では行われていない。こうした参与観察的アプローチを調査員はどのように感じているのだろうか。利点として「昼食を一緒にとることで，外から入ってきた人間を職員がどう接待するのか，利用者への対応などが観察できる」ということがあるが，「入居者の方と一緒に食事をすると「いつもと食事が違う」とか「今日はえらい人がくるからちゃん

としなさいって言われている」とか何かやっぱり変化が見られます」と調査員が入ることによって，明らかに日常とは違う状況が生まれることを調査員は指摘する。

　こうした点は，パネルディスカッションでのパネラーの意見でも「以前の変更される前では，職員が食事をするときに介助をしているかという項目が含まれていましたので，その様子を見ると言うことが含まれていると説明をうけましたが，今の項目は，そうした項目がないということもありますし，利用者と職員の普段通りの食事の様子をみることが目的でしょうが，私たちが同じテーブルについて食事をすることで見慣れない者がすわって利用者が緊張しているな，と感じることも多々あります」と指摘している。

②　認知症介護の専門性のない調査員は対応に苦慮する ―― 非参与観察がいい

　またパネラーは，「私自身が認知症介護の専門家でもないので，隣に座ったときに，どう接したらいいのか，非常に緊張されていると思われる時に，どのように接すればいいのか困るような場面があるのも事実ですから，昼食については遠くからじっくりといつもの様子をみることができるような場所で静かに見させていただいた方が様子はよくわかるのではないかと普段から感じていました」と非参与による観察の方がいいのではないかと述べている。

(2)　調査員のスキルや専門性
①　制度の総合的知識

　制度等のことを施設側から聞かれることもあり，調査員は知識の必要性を感じている。施設は研修も行っているが，そうした情報が得にくいと語る。例えば，「色々と調査員自体が施設側から制度のこととかを聞かれることが多いんですが，それに対して自分自身が新しい知識がないと答えられないので戸惑いを感じたりしています。施設側は定期的に研修会など受けたりしていて，知識を持っていらっしゃったりすることも多いので，自分自身が色々な意味でのスキルを高めないといけないなと思います。そう思いながらも情報源がなかなか得にくかったりしています」という意見である。

　この点パネラーも「総合的な知識は外部評価以外でも感じられることだと

思いますが，項目に関係するような介護保険制度の改正があった時，医療連携加算の問題，新しく追加された項目での終末期，看取りのケアの問題，医療行為のどこまでが福祉施設で許されるのかといった話しが出たりします。こういう総合的知識は，調査員が研修テーマとしてもっているニーズだと思います」と述べている。

② 面接力

次に「ヒアリングの仕方といいますか，どうしてもその趣旨から外れて発言される方，感情論，感情的に話される方とかいますので，それをいかに軌道修正するか，聞きたいことを聞き出すかというヒアリング能力ですね」と面接を進める力を述べている。

パネラーも「感情的に流されるとか，聞きたいことを聞き出せないということがあります。自分の聴き方を考えなければならない。相手が答えられるように質問をするとか」と述べている。

③ 文章力

もう1点は，文章力である。「報告書をまとめるときに一番私は苦労するところなんです。見たこと聞いたことをまとめる力，文章化する力が自分には不足しているなと思います。私たちが記録したものがワムネットに載って一般の方も見られてというのが，責任があるところなのでそのまとめる力が……」この点はパネラーも同様のことを述べている。ただ「自分が思っていることと，ガイド集の趣旨に反しないように表現しないといけないことと，ガイド集が求めているものを勘違いして評価結果を出していないかということ，地域の実情など，実態に応じた調査員が感じるあるべき姿とガイド集に書いているあるべき姿のズレがあるときにどう書いたらいいか」などガイド集でのポイントと自分の意見のズレの問題も指摘していた。

また調査員の話には出ていないが筆者としては，これに伴う「観察力」がスキルとして求められるのではないかと思う。

(3) 調査項目について
① 項目縮小による変化

　外部評価の調査項目は，小規模多機能施設等に対応する時期に改訂になり，全体が142項目から100項目に変更された。こうした点を調査員はどのように考えているだろうか。項目が少なくなったことにより，調査員の報酬単価が下げられたりしている現実もある。これにより調査活動の時間的な余裕が出てきただろうか。インタビューでは，時間的に余裕が出てきたということはない。項目が短くなった分，各項目の抽象度があがった。以前の細かいものの方が，ポイントが具体的で評価はしやすかった。施設側もとまどいがあるなどと答えている。

　ただこの点に関しては，パネラーと意見が割れた。1人のパネラーは縮小された調査項目を評価していた。「以前は似通った項目が複数あって非常にやりにくかった。今回は整理されているのでヒアリングがやりやすくなったし，まとめやすくなりました。終末期とか看取りが増えているのをみても最近の動向を踏まえたものになっています。前の項目は介護情報の公表に近く，細かい点まで事実確認をする項目になっていましたが，現在はより全体的な状況を把握できるように質問がまとめられておりやりにくいとは思わなかった」とインタビューの意見に対して反論した。

② 用語の取り扱い

　インタビューの中で調査の中の用語の取り扱いに苦慮すると指摘されたワードが4つあった。それは「地域」「多機能性」「鍵の取り扱い」「市町村との連携」である。

　地域　「例えば，理念についてもその地域という言葉があがってきて，それをただ地域と載っていればいいのか，その言葉がなくてもその広い意味での地域を目指していればいいのかですね。その解釈が難しいですね」

　多機能性　「私の場合は，多機能性というところをどういうふうに説明してどういうふうに相手から言葉を引き出すかということを毎回悩んでしまいます」「多機能性を十分に生かした支援というのはほとんどの事業所で困難な状況なので独自の実施として通院などの送迎や周辺の地域の独居老人の食

事の提供などが評価の視点となるとすり合わせをしています」。

これについてパネラーは以下のように述べた。「研修を受けた時に，グループホームで考えられる「多機能性」は，ガイド集では家族がついて行けない場合の送迎，近隣者を対象にしたデイサービスやショートステイを実施しているかということで，口頭での研修の説明では，近隣の一人暮らしの人が孤立しないようにホームの集会所のような利用，食事提供などを期待しているということの話しでした。ただ実態としては認知症を対象にしたデイサービスやショートステイは県内では少ないようです」と。

鍵の取り扱い　鍵の取り扱いは，自動ドアのスイッチ自体が上のほうにあったりして通常開放にしてあるといいながらも，タッチボタン自体が高齢者が手の届かないのをどう捉えたらいいのか判断を迷うというものである。

市町村との連携　市町村との連携をどのように評価するかも，調査員を迷わせている。「地域によっては市町村自体が積極的に関わってくださっているところもあれば，そうでないところもある。施設自体にも問題がある場合もあれば，地域性によって左右されるところがある」。つまり，行政との連携は行政サイドに温度差があるので，グループホームだけの対応では考えにくいということである。この点パネラーは「受け入れた体制がないからといってホームが放置しているのか，今は難しいかもしれないが，将来そうなるように連携に向けて取りくんでいるのかで，ヒアリングをしてくださいと言われたことがある。行政の協力がなくても，そうした連携に向けて取りくんでいるかで評価をしていると思う」と述べている。

連携を想定して取り組むというのは難しいことかもしれないが，ソーシャルアクションとして考えるとすれば，「市町村と連携がとれていない」ということを逆に公表することで，何らかの自治体に対する働きかけ，ソーシャルアクションとしての意味を持たせることができないだろうか。

（4）施設側の対応
① 質の向上の視点──ある水準に到達すればそれで終わりか

施設側との対応の中で評価を考えさせる部分がある。質の向上ということを念頭に評価していく場合，ある水準をクリアできていればそれでよしと考

えるのか，日々研鑽を積み，前回水準を上回るような点を評価するのか，など調査員の評価観とも関わる問題があるようだ。「前の評価が甘い場合に，こちらの目的は質の向上というのが目的ですが，そこをあまり受け入れてくれないで「できている」「できていない」で判断している」「前回の評価がいい場合に，明らかにおかしいところがあっても，その指摘の仕方，相手が納得する形での指摘の仕方というのが難しいですし，改善を求めるのが難しい部分があります。「去年はそういうことは言われませんでした」とおっしゃる方もいらっしゃりますし」。

② 施設側の要求水準の高さと評価

また施設側の要求水準（求めるべき評価水準）の違いの問題もあり，一定水準よりも高い施設がより高い水準をもとめる故に，結果としての評価では必ずしも高い評価とならず，それがワムネットに載ってしまう問題がある。「施設によっては本当に質が高くて自己評価をすごく厳しくなさっているけど，明らかに他のところよりレベルが高いところもあるし，ある一定のレベルよりも水準は高いんだけれども，ワムネットに出る場合に，見る側にそれがうまく伝わっているのかなという部分があります」。

③ 内部告発的な意見に対する対応――管理者と職員の意見の違い

これは管理者の意見を否定するような意見（内部告発的）を職員が言った場合の対応に苦慮するという問題である。

④ 評価の内部処理と外部処理

外部評価の場合，評価として外部に出さないが，調査員と施設側の話の中で，「気をつけてください」というレベルの評価（記録に残さない改善点）というものが存在するようで，そこは次の評価者は評価ができないという点である（評価というのは，その場でやり取りがあって，ある意味で決着をつけた結果として評価がでるといった具合に，評価をしながらある種の改善に向けての活動がすでに行われている）。

⑤ 調査員のバックグラウンドの違いが評価の視点に影響する

パネラーからは調査員のバックグラウンドの違いが評価に及ぼす結果について言及されていた。「調査員のバックグラウンドが違うので，看護職は医療に目がいきやすい。介護職は声かけなどに気をつけやすいということはあると思いますが，調査員としては，みなさんが同じガイドラインにのっとった視点で行われるべきで，自分の得意分野ばかりを出して，特定の項目にこだわった質問をするのは困る。各人哲学はあると思いますがこだわるべきではないと思います」と述べている。

(5) 家族アンケート調査の有効利用

外部評価では，家族アンケートをとるが，その内容は，家族が特定化されないようにという理由から，直接施設側に伝えることができない。調査員が遠回しに，自分の考えとしてそれとなくふれるようにという指導を研修では言われてきている。ここでは，アンケートをもう少し有効活用できないかということで，いくつか提案されている。

① アンケート結果を有効利用し改善に役立てる

「調査のなかでアンケート調査を利用者の人にしているけれども，それを調査員が施設に直接には伝えられない。もうちょっとアンケートの結果自体を反映できたら，改善に結び付けられるんじゃないかなと思うことも時にあります」。

② 家族了解のもと施設に結果を伝える

「そのアンケートが伏せている部分になっているので，是非ここは伝えてほしいという項目を，了解をとった上で直接的に伝えることの方が代弁者としてはいいのかなと」。

③ 鹿児島県として集計する

鹿児島県内の評価事業を行っている機関が結果をまとめて集計をすることで鹿児島県としての傾向を示すことができるし，匿名性も担保できる。

④ 調査員が新しい項目をつくる

パネラーからは、「アンケートの中身を変えていいと言うことであれば、調査員が新しい項目をつくることもひとつの方法、アンケートの結果には感謝している点もたくさんあるので施設側に伝えていい意見もあります。調査はコミュニケーションの方法としても使える。アンケートを評価している内容、感謝している内容は、ある程度文章等で知らせる方がいいのではないでしょうか」との意見もある。

(6) 情報公表の調査活動との違い

介護保険サービスの情報の公表との違いについて調査員に聞いてみた。

① 負担の違い＝8対2（外部評価は，準備，知識，報告書策定に負担がある）

「報告書が大きな違いがあると感じます。外部評価の方はかなりリーダーをされる方に負担が大きいですが、情報公表の方は面接の時間だけで終わってしまうので、かなり負担が少ない。外部評価の方は当日までの準備も相当時間を要しますし、知識も要するし、調査自体が終わった後の負担というのも大きいように感じます。調査の内容自体も本当にあるなしを確認すればいいんですが、目的が違うためか、外部の方は面接能力というか、技法を要求されると感じています」（負担の対比は）「8：2くらいだと思います」「午前中で2件とか外部評価ではまずありえないですし、その場で終わるのと、持ち帰ってやるのと、終わってから関わる時間が全然違います」。

② 統一するとすればどちらのやり方が良いか——質の改善めざすなら「外部評価」

「外部評価の方が質の向上という意味では改善できると思います。でも、公表は単なる書類を集めていればいいので、2～3年もすればきちんとしたものができて当たり前。外部の方は常に質の向上というのを考えると常にお互い学んでいかないといけないし、スキルをお互いに高めていかないといけないというふうに感じます」「外部評価の場合は、今度は相手に気づきを与

えないといけないので，そこが大きな違いじゃないのかと思います」．

③　外部評価は施設側と十分話しあえるので，評価はやりやすい面がある

これを受けてのパネラーの意見としては，「時間だけをとらえると，8対2とか9対1とかになるかもしれませんが，文書で評価を残すというのは時間をとられ大変な反面，外部評価が楽だと思うのは，あるかないかの100か0の評価でなく，できているけどより向上すべきだと思うという判断ができるということだと思います．その点について話し合いができるというのが公表よりも調査としてはやりやすい．外部評価が行っているのが事実確認の話し合いとすれば，公表の場合，事実確認として事業所が「ある」と言っているのに「ない」と判断せざるを得ない場合の説明しかできないので，調査項目の負担というのは，介護情報の公表はやりにくいと思います」と異なった視点からの意見を述べている．

④　調査の信頼性を高めるべき

「ある程度の倫理観とか意義とかあるにせよ，誰に言っても同じ結果がでるというような意見の統一につなげられるものが必要であると感じました．外部評価は6，7名しかいないがそれでも意見のズレがあります．公表はもっと人数が多いのでズレも大きいはずです．そうしないと調査に関する負担を減らすのは難しいだろうと感じます」．

ここまでの調査員の意見をまとめてみると，昼食の取り方については，いわば利用者と一緒にとるというよりは，非参与観察の場としての食事を支持しているようである．調査員のスキルや専門性としては，①制度の総合的知識，②面接力，③文章力が挙げられており，この点は調査員の研修等のプログラムとして考慮すべき点だろう．調査項目の変更については，賛否両方が意見としてあった．用語の取り扱いとして「地域」「多機能性」「鍵の取り扱い」「市町村との連携」である．この点もガイド等で明確化していく必要があるかもしれない．また評価水準の設定に関してもいくつか示唆的発言がある．評価を一定の水準の担保だけを考えるか，より発展的な課題設定を行う

のか，施設側の要求水準の高さが自己評価に影響してくる点。調査員のそれまでのキャリア，看護師や介護福祉士などにより評価のポイントが異なってしまいがちという点など。また家族アンケートの有効利用についても興味深い問題提起をしている。外部評価と介護情報の公表の負担率を8対2と具体的に表現しているところはわかりやすい点である。今後，評価活動のあり方や研修のあり方に一石を投じるものになったのではないかと思う。

第11章

鹿児島の福祉人

│ 1　利用者の笑顔を引き出すために　　　　　　　　　│

1980（昭和55）年	特別養護老人ホーム愛泉園生活相談員
1989（平成元）年	特別養護老人ホーム泰山荘　デイサービスセンター生活相談員
1997（平成9）年	〃　施設生活相談員
2000（平成12）年	〃　副施設長 兼 介護支援専門員

（主な資格）
社会福祉主事，介護福祉士，社会福祉士，主任介護支援専門員

こぞのすみはる
小園澄治
（特別養護老人ホーム泰山荘副施設長兼介護支援専門員）

(1)　福祉との出会い，社会福祉にかかわるようになったきっかけ

　学生の頃の夢は，高度経済成長のシンボルでもあった夢の超特急の新幹線の花形運転手として鹿児島に凱旋することでしたが，体調を崩したこともあり，その夢が断たれた頃，両親から家業の雑貨屋を継ぐことを懇願され故郷へ帰ってきました。結婚後，両親の望む雑貨商を継ぎ，店主として豆腐つくりや店頭に立っての販売や配達に明け暮れる日々でしたが，昭和50年代に入ると田舎町にも大型団地が造成され，それに伴い大型スーパーが進出したことで雑貨店は見る見るうちに窮地に追い込まれる状況になりました。そのような折，義父の所有する山の造成工事を目にして，何が出来るのかと義父に問うと何かお年寄りを預かる所と聞いているとのこと。雑貨商の先行きが不安定なことを告げ，子供の成長と生活の安定を考えると転職を考えた方がいいのではとの思いがあることを告げると，施主に相談してみるとのことで

した。義父から，高齢者の生活施設であること，お年寄りに優しく接している貴方には，天職と思えるとの義父の勧めで施主への紹介もあって高齢者福祉への第一歩を踏み出しました。その頃，特養は県下でも数施設しかありませんでした。しかし，優しさや思いやりだけで済むような問題でもなく，障害を持つ高齢者の思いを推し量るには，専門的な知識の必要性を感じる一方，管理者，上司，同僚などとのパイプ役としての関係調整を求められる中間管理職的な生活相談員という役割にも力不足を感じて8年目にして挫折を感じていました。

　丁度その頃，特養での「離床運動」「グッドバイベッド運動」や「おむつはずし」等の活動が出てきた時機でもありました。今では想像できないかもしれませんが，車椅子が無い，食事もバックレストという用具を使ってベッド上で食べるような時代でした。入所者の方達の処遇を改善したいと思っても，当時の職員には，なかなかわかってもらえない。知識と技術の必要性を痛感し，悩んでいました。専門的な知識の必要性を何故強く感じるのかといいますと，当時は離床運動やおむつ外し運動が叫ばれると，個別化の意味合いを理解できずに，全てをその対象として，その利用者の心理的なことへの理解も考えないままに座らせきりのケアがなされたり，介護の効率性から，入浴時は廊下にずらっと並んでいただいてそれが入浴の風景のような介護が行われていました。

　そんな時，現在の法人の初代理事長内村和子先生に新たな施設のデイサービスセンターを県下一の施設にしてほしいと声をかけていただき，再び高齢者福祉への思いを懐かせていただきました。また，その頃，福祉の専門家としての資格制度が創設され，専門的知識は絶対必要と思っていましたので，資格取得の必要性を家族に説くと，子育てで大変な経済状態にも関わらず妻は理解を示してくれました。それ故に，一回で合格しないわけにはいかないプレッシャーにも打ち勝てました。高齢者福祉に携わった当初に比べて現在，高齢者福祉施設も重度の身体障害と認知症を併せ持たれた入所者や在宅福祉のサービスの充実，施設か在宅かの二者択一から地域の家といわれる小規模多機能な生活施設へと様変わりしていて，より一層の多様な知識と高い専門性が求められる時代となっています。

その施設のケアの質は最低の職員のレベルで測るべきであると言われています。秀でた職員が数名いることも素晴らしいことですが、それ以上に全体的なレベルを高めることが最も大切であるとの思いが強く、職場の仲間や後輩、学生にも資格取得と専門性を高めることを嫌がられるほど説いている日々です。

(2) 現在の仕事

平成12年度4月に創設された介護保険制度の実施に伴い、居宅の介護支援専門員と施設全体の副施設長の二足のわらじですが、施設長が経験豊かな方であるので主に居宅の主任介護支援専門員としての業務に携わらせていただいています。また、職場の理解もいただき、職場外の活動として福祉専門学校の非常勤講師や福祉職を目指される方への基礎知識をつけていただく研修会等の講義や福祉資格取得の受験セミナー、地域の高齢者の方々への研修会のお手伝いをさせていただいています。これらの活動を行うことで、より一層自分が学ぶ機会を得られることと、今まで、私が無知な知識でご迷惑を掛けたのであろう多くの、施設入所者やご利用者の方々、そして多くの教えをいただいた先輩や同僚へのこころばかりの恩返しが出来ればとの思いがあります。

(3) これからの福祉について考えること

お陰さまで、30年近く福祉の世界で自分なりに持てる力を発揮させていただきました。まだまだ、青年（コニセ）のくせにと賀寿園の黒木先生に怒られそうですが、還暦を過ぎて少し体調の変化に気付くようになり、また幸か不幸か体調の不安定さに伴う精神的な不安感をもつようになり、体調の不安定な時は、入浴することが怖いという気持ちが分かるようにもなりました。高齢の利用者の方が、入浴を拒まれる理由の一因や不安感が少し理解できるように感じます。聖路加病院の日野原先生がおっしゃっている、本当に障害や病気をもつ人の気持ちを理解するには、それを経験することであるということが少しは分かるようになった気がします。老いることや障害を経験することは、多くの福祉従事者はできませんが、理解しようとする努力は出来ま

す。多様な知識や情報を身につけることは，意外に楽しいことでもあります。私は，放送大学で多くの学びを得ることが出来ました。これからの福祉従事者には，専門性を磨くことと多様な知識を身につけることを勧めます。福祉職については，3Kとか，決して魅力的でない職場と言われる反面，超高齢社会を迎える我が国にとって欠かせないものです。私が担当する，教材の中に，介護の目的とは，利用者が尊厳を大切にされ，そのひとらしい老いの生活を送り，納得した人生を過ごし，静かに最期を過ごせるように支援することであり，身体介護や生活基盤を整えていくための支援は手段であると説いています。入浴介助や排泄介護，低賃金など大変な場面だけがとり上げられますが，利用者の笑顔を引き出せる自分のすごさを感じられる職場でもあります。5つのH，つまり，Heart, Hand（技術），Head（客観的視点），Health, Human relationship が大切だと思います。高齢者介護の世界は，非常に歴史も浅く，これから，本当の高齢社会を迎えるのだということを意識して，多くの課題に積極的に取り組んでいただきたいと思います。様々な症例をまとめる時代でもあると思います。そして日本型の素晴らしい高齢社会を自らがつくり，背負うという気概を持っていただきたいと思います。

（聞き手　杉安ひろみ）

2　ありのままの自分でいられる社会へ

澤田利江
（特定非営利活動法人NPOデフNet.かごしま理事長）

1999（平成11）年	鹿児島発聴覚障害者情報誌「Deaf倶楽部Kagoshima」創刊。同年ろう児のための学習塾　デフスクール設立
2005（平成17）年	NPOデフNet.かごしま設立

（主な活動・事業）
○聴覚障害児のための学習塾：デフスクール
○イベント企画・ホームページ作成・広報事業
○学童保育「デフキッズ」
○地域学校に通う聴覚障害児（難聴児）または保護者・学校への支援事業
○各種ワークショップ事業
○重複障害者作業所運営事業
○加治木まんじゅう＆グループ「ぶどうの木」
○民間手話通訳派遣事業

(1)　自分の生い立ちについて

　私は2歳の時，高熱のため耳が聞こえなくなりましたが，両親も「ろう者」で，両親の友人たちとよく会ったりしていましたので，自分としては「聞こえない」ことが当たり前の世界で育ちました。まず聾学校の幼稚部に2年いた後，地域の幼稚園へ転入しました。

　小学生のとき，「将来は福祉の仕事に就きたい」と作文を書いたそうで「まだ幼いのに……」と周囲を驚かせたこともありました。私としては記憶にないのですが，「ろう者」がいる環境から自然に，子供心に福祉に興味が

あったのではと思います。しかし中学生時代からバスケットに熱中していたこともあり，高校時代，進路について，私は将来何をしたいか漠然としていたのですが，友達の影響で「聾学校の先生になろうかな」という気持ちが出てきました。体育が得意でしたので，長崎県立短期大学の体育専攻へ進学しましたが，卒業後，生命保険会社に就職が決まったこともあり，その会社に就職することにしました。生命保険会社に勤務しながらも，心のどこかにはいつでも「聾の子供たちと関わる仕事がしたい」という気持ちがありました。仕事面で，「電話応対ができない」など自分の力だけでは解決できないことがあり，また会社の上司が昇進のために資格を取るなど，将来を見据えている姿を見て，自分の将来を考えるようになりました。その時は，バスケットの社会人チームに所属し国体の鹿児島代表に選ばれたこともあり，バスケットに熱中していたのですが，若手がどんどん力をつけてきて，「やはりこれからは自分の好きなことを，自分の力で出来る仕事をしたい」と思い始め，8年間お世話になった会社を思い切って辞めることにしました。

　退職後は，1か月単独でアメリカとヨーロッパを旅行したりしましたが，中学生時代から趣味で詩や作詞をしていたこともあり，あるとき大阪の音楽制作会社で私の書いた詞が大賞に選ばれ，音楽になりCD化されたことで「書くこと」を仕事に出来るのでは，と思うようになりました。そこでフリーペーパー新聞で在宅ライターを募集していたのを知り，早速応募し採用され，1か月に2本，いろいろな障害者にインタビューをしたり，障害に配慮した施設に取材に行ったりしました。その中で，鹿児島大学に通う聾の学生に出会い，「同じ障害を持つ立場で，子供たちに手話で分かる勉強を教えたい」と彼に話しましたら，彼も「僕もかねてから塾とかで勉強を教えたいと思っていた」と同じ考えでした。

　当時は，聾学校では聴覚口話法で，口話をメインに，手話は補助的というスタンスでの指導法でしたので，すべてではありませんが子どもたちは先生の言っていることをなかなか理解できないまま授業を受け，それが学力の遅れにつながっているのではと思っていました。ですから私たちは，手話を使って指導し，子どもたちが勉強が分かるようになればと，もう1人の聾の女子大学生と手話通訳ができる聴者の4人で学習塾を立ちあげました。塾を立

ちあげた当初は、「子どもが手話を通して勉強が分かる、勉強が楽しい」と思うこと、そして私たち成人ろう者がロールモデルとなり、「大学にも行けるんだ」と夢や希望を与えることで、大学に進学できるほどの学力を身につけて欲しい思っていましたが、子どもたちと接していくなかで、子どもたちは十人十色で、それぞれ違う能力を持っていること、知的障害を併せ持つ重複障害の子どももいて、学力を伸ばすことだけが教育じゃないと思うようになりました。

(2) ヘレン・ケラーのように
——子ども1人ひとりの力に合わせた教育——

そう思ったきっかけは、手話通訳のスタッフが重複障害の子どもを見て「この子は、何かいいものを持っている」と私に言ってきたことでした。私からすれば、目を合わせて会話することが困難で、落ちつきもなく、塾でのプリント教材を使って指導しようとしてもなかなか集中して取りかかれないことが多く、どうしようかと悩んでいるときでもありました。そこで、まず母親に相談し、この子どもが「絵本」が好きだということを知り、絵本を中心にした指導法で学習を進めたいということを母親には理解していただいたうえで、絵本を中心にした学習が始まりました。最初は、ただ絵本をばらぱらめくって絵を眺めているだけでしたので、できるだけ、絵本のストーリーを手話で見せながらの学習を続けました。そして2年ぐらい経ったある日、彼女が「魔法って？意味は何？」と初めて質問してきました。そこで私は「チャンスだ！」と思い、手話で説明しましたら、理解し嬉しそうな顔をしていました。そこから「知りたい」と思うことが増えたのか、どんどん私に絵本のストーリーや言葉の意味を聞いてきました。まるで「言葉の世界に目覚めた」ヘレン・ケラーのようで、その子供はどんどん手話や言葉を覚えていき、最後には歴史を勉強するまでになりました。手話の力のすごさを確信し、「重複障害があったとしても隠された才能がある、それは他の子どもたちも同じだ。個々の能力を伸ばしていくことが教育なのではないか」と思うようになりました。子どもは将来、社会に出ていきます。社会の中では良いこともあれば、悪いこともあります。それを考え、まずは手話を通して日本

語や知識，世の中の常識を学び，善悪を自分で判断して自立し生活する，また個々の能力や可能性を伸ばしながら育てていくという「人間教育」が大切だと考えるようになったのです。

（3） NPOのたちあげ

在宅ライター時代，取材である知的障害の施設へ行った際，見たことのある1人の女性を見かけました。話しかけてみると聾学校にいた方でした。その方は編み物で，説明も読まずにデザインを一目見ただけで難なく編めるという類い希な才能を持つ方でした。彼女1人だけが聞こえないため，1人で黙々と編み物をしている様子を見て，手話ができるスタッフがいるのかなと施設の職員に尋ねましたら，簡単な手話しかできないとのことでした。もっと手話のある環境ができれば良いとその時は思いましたが，その後，別の取材で手をつなぐ育成会の会長に出会う機会がありました。このことを伝え，なんとかしたいと話すと「作業所をあなたが作ればいいのよ」と言われました。本当に作れるのだろうかと思ったのですが，作業所のほとんどが障害をもつ子の親が運営していることを知り，「保護者に協力をもらいながら一緒に立ち上げればいい，何かあった時は私もサポートしますよ」と声をかけていただきました。その時は，立ち上げる力なんてとてもなかったので，「いつか立ち上げよう」という気持ちを持ちながら，様々な活動を続けていきました。学習塾や情報機関紙発行，イベント開催など様々な活動をしていたある日，ある方から「NPOを立ちあげたらどうか」と言われました。以前からNPOを立ち上げることを考えてはいましたが，なかなかタイミングに恵まれないでいたのですが，その方の後押しもあり平成17年にNPOを立ちあげることに至りました。NPOを立ち上げたことで，活動の幅が広がり，その中で3年前に念願の重複障害者のための小規模作業所を設立することができました。自分1人だけではなし得なかったことで，周りの方たちの支えや後押しがあってこそ出来たことだと実感しています。

（4） 福祉に取り組んでの想い

在宅ライターでの取材などを通して車イスの方々やハンセン病の方などい

ろいろな障害者と接する機会が多くあった中で，様々な見方，人生観，価値観をたくさん教えていただきました。前述したアメリカとヨーロッパの単独旅行での経験も私の視野を広げてくれました。アメリカのホテルでの出来事ですが，受付に「私は聾です」と言うと，ホテルを安全に，かつ快適に利用しやすいように「聞こえない」ことをカバーする機器を部屋に用意してくださいました。また，街のあらゆる場面でも「私は聾です」と言うと，すぐに筆談で応じてくれるなど，日本では自分からお願いしない限り対応しないようなことが，アメリカでは障害者に出会っても驚かずに，自然に適切に対応してくれるのです。ヨーロッパでも旅行者が多い土地柄，旅人には親切な方が多く，困ったことがあるとすぐに助けてくれました。ある時，駅で行き先を確かめるため案内板を見ていたら，通りがかりのおばさんにドイツ語で「どうしたの？」という感じで話しかけられたので，「ドイツ語分からない」と言うと身振りで「駅員さんがいるから聞けば」，とか「分からなかったら，私も手伝うから」と言ってくれました。アメリカやヨーロッパは多民族が一緒に暮らしていく中，お互いの「違い」を認め合い，尊重しながら共生していく意識が底流にあるのではないかと思います。その旅行での体験から，「人間，国は違っても，肌の色が違っても，障害があるないに関わらず，心底にある人間の本質はみな同じなんだ」と思うようになりました。誰かを思いやる「ハート」が大切。まずは「違い」を知り，そして認め合い尊重していく「ハート」があれば，お互い助け合う優しい社会を作っていけるのではないかと思います。

(5) これからの福祉とNPO法人の将来の夢

　近年では，手話に対する周りの理解なども増え，手話を学ぶなど環境がとても活発になっています。しかし，行政が主催の講演会では手話通訳がついていますが，民間企業が主催の講演会では，手話通訳がつくことが少ないように感じます。私自身，手話通訳つきの講演会では勉強になることが多いので，手話通訳がある講演会などが多くあればいいと思うことがあります。ろう者に対する理解や，情報保障という面では，まだまだ課題がたくさんあるように思います。どこに行っても「手話」がある，ろう者が情報を聴者と同

様に確保でき，そして聴者と共に暮らしやすい社会を作っていくためには，まずろう者の特性を「知ること」から始まると思っています。成人ろう者はもちろんのこと，学習塾で指導している子どもたちが社会に出ていったとき，「聞こえない」ことに理解がありそれぞれが自然に対応できるように，NPOの活動を通して「ろう者」が暮らしやすい環境，そしてどこに行っても「ありのままの自分」でいられ障害を感じさせない，そんな社会を作っていきたいと思っています。

（聞き手　佐藤直明）

3　自立への後押し

鶴田啓洋
（つるだあきひろ）
（NPO法人やどかりサポート鹿児島，NPO法人かごしまホームレス生活者支えあう会）

1995（平成7）年	医療法人尚愛会小田原病院 MSW
1996（平成8）年	医療法人陽善会坂之上病院 PSW
1998（平成10）年	医療法人陽善会　地域生活支援センターかけはし
2007（平成19）年	司法書士法人なのはな法務事務所 NPO法人やどかりサポート鹿児島理事
2008（平成20）年	（株）紫乃尾（障がい者就労継続支援事業所）サービス管理責任者

（その他）
鹿児島県精神保健福祉士協会理事
（資格）
社会福祉士，精神保健福祉士，研修認定精神保健福祉士

（1）　今の活動を始めたきっかけ

　現活動を始める前，11年ほど精神科病院でPSW（精神保健福祉士）として働いていました。特に長期入院者の退院支援はPSWとして大切な業務だったと思っています。支援当初，主な退院先はグループホームや共同住宅だったのですが，支援を続ければ当然退院者もどんどん増えていく。既存の施設では住まいの場が足りなくなってきます。そこで，患者さんと一緒に住まいを求めて，地域の不動産屋をまわるのですが，ここで大きな問題にぶつかりました。長期入院による家族関係の断絶です。「もう面倒は見られない」といった感じです。そうなると本来なってもらうべき保証人が確保できない。

病院からは退院の許可が出ているのに，保証人が確保できないためにアパート契約ができない。つまり，この問題をクリアしないと地域への移行ができない。これはまずいなと思いました。支援に行き詰まった結果，自ら保証人になってアパート入居させた人がたくさんいます。本当はそんな事したらいけないのですが，その時は仕方がありませんでした。

そんな時，ある当事者の相談がきっかけで，法律家（司法書士）と出会うことができました。その相談とは多重債務でした。それまで，自己破産の支援をするとなると，当事者と一緒に裁判所に赴き，膨大な時間と労力を使って書類作成していましたので，法律家と繋がりすぐに解決に持っていけたことはとても大きかったし助かりました。

その法律家と話すうちに，ボランティアでホームレス支援活動をやっている事，さらにホームレスの方がアパートを借りるときの保証人問題が一番の悩みどころであることを聞かされました。私は精神障がいのある方への支援，法律家はホームレス生活者への支援，対象は違うけれども，アパート入居時の保証人という共通の問題で壁にぶつかっていたことになります。「どうにか新しい資源を創れませんかねぇ」という軽い一言から，やどかりサポート鹿児島は動き出しました。

東京ではすでにホームレス生活者等への連帯保証事業を実施している団体があり，軌道に乗っているという情報を得ていました。「自分たちもできるかもしれない。やらなきゃいけない」という思いを持ちました。こうなると，もう勢いです。県内の社会福祉士や精神保健福祉士，法律家，大学の先生など多くの方々に声をかけて，やどかりサポート鹿児島設立のための準備会を立ち上げました。約1年ちかく議論を重ね，平成19年8月に「特定非営利活動法人　やどかりサポート鹿児島」が正式にスタートしました。本当に勢いでつくった感じです。

ここで，私自身はひとつの大きな決断を迫られました。医療機関のPSWとして働きながらNPO活動ができるだろうか，今のまま本当のソーシャルワークが出来るだろうかと悩みに悩みました。一生分悩んだ末，所属していた医療機関を辞めNPO活動に専念するという道を選択したわけです。

きっかけを作ってくれた法律家の事務所にお世話になりながら，ホームレ

ス生活者支援と連帯保証提供事業という2つのNPOを軌道に乗せるための，私の新しい人生が始まりました。

(2) 取り組みの状況

「やどかりサポート鹿児島」は，障がいを持っている方，ホームレス状態にある方，DV被害者の方などに対する住居契約時の連帯保証を提供する事業です。当然リスクも高いので普通はやろうなんて思わないと思います。「どうしてそんな危ないことをするのか」「一年持てばいいかも」という声もありましたが，設立から2年が経過し，40名近い方々の保証を開始しています。少しだけ知名度もあがったのか，最近では不動産業者や行政担当者からも連絡や利用の相談がくるようになりました。

「やどかり」に相談してくる人は，ほとんどの人が沢山の問題を抱えています。そういう大変な事例の相談を受けるときは，「厄介だな〜」と感じますが，きちんと関わることで地域にある新しい社会資源を発掘し，地域の力を知ることができる。気づけるんですよね。きちんと向き合うことによって，いろいろな人と繋がることができます。

やどかりの事業には「支援者」を配置することになっています。病院や施設のソーシャルワーカー，知的障がいの相談支援事業所の職員等になっていただいていますが，われわれは，支援者に対して「利用者の方々を地域から孤立させないような支援をお願いします」と言っています。利用者にとっては，住居に入ってからが始まりです。新しい生活が開始された後の精神的な拠り所が必要だと思っています。希望をもってはじまった新しい生活なのに，誰にも相談できず，ひとりぼっちになってはならないと思います。孤立させてはいけない。彼らの生活を側面からサポートする「支援者」が，支援計画に基づいて定期的に訪問したりといった声かけを継続することで，利用者のみならず，大家や不動産業者の安心にも繋がると思っています。

もう一つの活動拠点である「特定非営利活動法人　かごしまホームレス生活者支えあう会」では，ホームレス生活を余儀なくされている方々のために，週3回，鹿児島市の中央公園（テンパーク）で炊き出しや生活相談を実施しています。

活動当初,「ホームレス」と聞いた時「鹿児島にホームレスなんているの」と思っていました。ところが,実際に炊き出しに参加すると,そうではなかった。われわれが思いつくいわゆる「ホームレス」(髪がボーボーで,服は汚れていてというような)はほとんど見ない。彼らの多くは,身なりも格好もきちんとしているし,昼間は街の景色に普通に溶け込んでいました。見分けがつかない。でも夜になると,フェリーターミナルや駅,川沿いに帰って行く。そんな生活をしている人がたくさんいると知ったときに少なからず衝撃を受けました。特に,昨年(平成20年)末からの世界的不況の影響もあってか,職と住まいを同時に失い,さらには何の支援も受けられないまま,路上に落ちてしまうという人が次々に公園を訪れました。「さまざま要因から生活困窮に陥った人々への支援こそ,福祉専門職が担うべきではないか」その時強く感じました。活動を続けていると,「立派ですね。すごいですね」と言われますが,よく考えると福祉専門職であるならば当然向き合うべきことであり,逆にそうでなければ福祉を語るべきではないとも思っています。

(3) 取り組みの課題

ホームレス生活者支援の現場では,様々な課題をもった人と出会います。「ホームレス」という言葉だけで判断しがちですが,実際は「多問題を抱えている生活困窮者」だと思っています。DV被害者や,障がいのある人,出所者,高齢者,派遣切りにあい住まいを失った方等。いろんな制度で守られているはずなんですが,実際にはそこから漏れ落ちている。漏れ落ちた状態からすくい上げること,これは国として行うべき喫緊の課題だと思います。

就労というキーワードからいうと,前述のようなホームレス状態にある方々の多くは働く意思を持っています。よく「努力が足りない」「その気になればどこででも働けるはず」と言うことを耳にしますが,しかし実際問題世の中そんな甘くない。住所がなく,電話(連絡先)がない人は職安に行っても,仕事を紹介してくれないんです。今の日本は一度路上生活に落ちてしまうと,スタートラインに立てない,立たせてくれない。本人たちも自力で這い上がれると思って,実際には上がれない。現実は厳しいですね。さらに,家族の支援を受けられる人もごく僅かです。受け入れる力がないといっても

いいかもしれません。家族に頼ってもどうにもならない。自分の責任でこうなったのだから，自分で何とかしないといけない。だから，多くの人は「助けて」と言えないでいます。

炊き出しに来る多くが，「ここに来なかったら死んでいたかも」と言います。年間3万3000人もの自殺者がいますが，もしかするとその中の多くが，誰にも相談できず，命を落としていったのかもしれないと思っています。ホームレス生活者や生活困窮者と自殺問題を切り離すことなく支援していく必要があるけれども，困ったときにきとんと受け止められる「相談機関」と「専門の相談者」が絶対的に不足していると感じています。その問題はここ，この問題は別の機関で，という感じで，隙間にある問題に対処できない。これでは，相談を受ける側はどうしていいかわからず，力尽きて相談すること（助けて欲しいと言うこと）を放棄してしまう。相談を受ける側にものすごく熱意のある人もいますが，「厄介な問題を受けたくない」と考える人もいます。事務的な受付だけやって，相談はできない。そういう状況を早く解消すべく取り組みが求められます。

(4) 今の福祉について考えること

自分自身も含めてですが，福祉に携わる専門職同士の横の繋がりがもっと活発になれば，本当に世の中変わっていくような気がします。逆に，そういう繋がりが持てないままであれば〇〇福祉士などの専門職は必要とされなくなっていくのではないかと強い危機感を感じています。現に，全国でホームレス支援をやっているボランティア団体が何十か所とありますが，支援関係者として社会福祉士とか精神保健福祉士が表に見えてこない。さらには福祉専門職に対してマイナスイメージを持っている場合もある。相談しても間口が狭すぎる，きちんと関わってくれない，自分たちの問題だと認識していないといったことが理由かもしれません。福祉専門職として，人とかかわることを通して，世の中を良くしていこうと思う人がもっと増えてほしいと感じています。

憲法25条で基本的人権の尊重を定めています。そこのラインから落っこちている人がいれば，見て見ぬふりはできないですよね。ある程度の格差は

仕方ないと思うんですけど，人としての最低ラインを下回ることはあってはならない状態だと思います。そんな状態に置かれている人々への支援や関わりが福祉に携わる者の基本だと思います。専門職としての倫理はそこにあることを再確認していきたいですね。

(5) これから

　ホームレス，DV等，様々な問題を抱えた多くの生活困窮者を受け入れていく場所をつくっていきたいです。必ず地域に必要な機能だと思っています。そして，それを多くの専門職に伝えていきたい。前に踏みだす一歩をみんなで作っていけたらと考えています。専門職の繋がりを持ち，自分たちの持っているアイデンティティーとか，哲学を大事にすることで，多くの人たちが救われていく，失われた希望を取り戻していけるのではないかと思っています。自分自身まだまだ微力ですが，直向きに取り組んでいきたいです。

（聞き手　伊東理一郎）

4　人と人とのつながりを大切に
　　──地域と共に歩む──

1979（昭和54）年	旧大隅町社会福祉協議会に就職
2000（平成12）年	介護支援専門員資格取得
2002（平成14）年	旧大隅町社会福祉協議会事務局長就任
2003（平成15）年	社会福祉士資格取得
2005（平成17）年	市町村合併により曽於市社会福祉協議会大隅支所長就任
2009（平成21）年	精神保健福祉士資格取得。曽於市社会福祉協議会事務局長就任

山本ひとみ
（やまもと）
（曽於市社会福祉協議会事務局長）

（1）　福祉との出会い

　短大を卒業して大阪の会社で働いていましたが，地元（曽於市）に帰って仕事をしたいと思い，昭和54年に旧大隅町社会福祉協議会（以下社協と略す）に就職しました。その頃の社協は事務局長と2名体制で，庶務会計や，世帯更生資金（現在は「生活福祉資金」という）の貸し付け等が主な業務でした。平成2年度ホームヘルパー派遣業務に始まり，平成8年度からデイサービス事業，平成10年度には訪問給食事業を受託し，職員数は年々増え，組織は次第に大きくなっていきました。その頃から「それぞれの事業ごとに行政の下請け的事業を実施するだけの社協でいいのか」など，社協本来の役割や機能について深く考えるようになりました。その後，社会福祉基礎構造改革が実施され介護保険制度が導入されました。

（2） 専門職の国家資格取得

　介護保険制度が始まり介護支援専門員の資格を取得しました。介護の分野に関わりをもつ機会を得たことで介護の苦労がわかり，さらに福祉の視野が広がったように思います。そして社協も福祉の専門職集団として，福祉サービスの質を高め社協本来の使命に向かって業務を進めていくために，次に社会福祉士を目指すことにしました。周囲からは，「挑戦する時期が少し遅すぎる。大変ですよ」との声もありましたが，思い立ったその時が，私にとっての旬な時期だったのだろうと思います。平成15年社会福祉士の資格を取得することができました。専門的に学ぶことで地域福祉を推進する中核的団体として社協の進むべき方向がみえてきました。つまり，地域福祉部門と介護部門が一体となった社協らしい活動を展開することが求められているのです。

　地域福祉を進める中で，地域に暮らす精神障がい者を取り巻く課題があることに気づきました。しかし，その支援策が見つけられず力不足を感じたことで，精神障害に関する知識や援助技術を学びたいと思い，平成21年4月に，精神保健福祉士の資格も取得しました。日頃からノーマライゼーションの理念については理解していたつもりでしたが，現場での援助技術実習を通して，偏見を持っていた自分に気づくと同時に精神障害に対する理解を深めることができました。今後は精神保健福祉士として精神障害に対する理解を広く地域に啓発していきたいと思います。

（3） 職員の資質向上と地域福祉のプロセス志向

　曽於市社協の福祉の専門職は，現在，社会福祉士3名，精神保健福祉士2名，介護福祉士36名です。職員の資質を高めることが，利用者や地域住民の満足に繋がっていくと考え，特に職員研修には力を入れています。組織が大きくなると自分の所属する部署のみの関わりだけで，社協全体が見えにくくなってしまいます。研修内容は各部署の業務内容にとらわれず幅広い内容で月1回実施しています。先日，「曽於市社協の理念を考える」ことを目的に職員研修会を行いました。職員一人ひとりの心の拠りどころとなる理念を全員で創りあげ共有したいという思いから。2回の検討会を含め理念が出来

上がるまでのプロセスを大切にしました。合併して曽於市社協となって5年目に入りますが，今回の理念創りをきっかけに同じ組織の一員としての連帯感や一体感をもてたように思います。このようなプロセス志向は，組織を強化することだけでなく，地域福祉を推進する上でも大切にしています。もちろん，プロセスを大切にしながら事業を展開するには時間を要しますが，地域にしっかり根づいた事業に成長していきます。社協主催で開催する「市社会福祉大会」も企画運営委員会で住民と共にプログラムをつくり，住民参加型の大会として年々充実してきています。平成21年度は，地域福祉事業について住民の理解を得るための「オムニバス」に取り組みました。脚本から演出そして出演者まで全て住民の皆さんが主体となって行ってもらいました。大会当日を迎えるまでの2か月間の練習は連日夜間まで及びましたが，当日の会場内は，笑いあり，涙ありで多くの感動に包まれました。また，サロン事業や見守りネットワーク活動，近隣同士の支えあい助け合いの重要性を多くの参加者が理解されたようでした。オムニバスに関わった方々も達成感や満足感が得られたようで，「これからも地域活動に関って行きたい」と前向きなお話しを聞くことができました。プロセス志向を実践することで人がつながり地域が変わっていくことを実感しています。

（4） これからの社協
——地域福祉のネットワークの中核に——

　私は社協マンとして，社協は地域の人から信頼され「どんなことでも社協に行けば，なんとかなる」「社協だから大丈夫」と地域から頼りにされる存在。「社協に相談すれば適所につないでくれる」というプラットホーム的な存在でありたいと思う。つまり，いつでも，誰でも，どんなことでも気軽に相談できる窓口として，頼りになる存在。そんな機能を広げていきたいと考えています。また，「介護保険事業所や地域福祉活動を推進する団体は沢山あるけど，その中でも社協のサービスは確かよ」と言われる組織を目指していきたいと思っています。この先，社会経済状況や地域環境の変化等に伴い，社協にとってこれまで以上に厳しい状況がくると思います。

　私たち社協マンは，地域の方とのつながりを大切にし，地域のニーズ解決

に向けて地域と共に考え，活動をしていくことが求められています。

　今，地域福祉活動計画の策定を校区単位で行っています。小地域でのネットワークを築くために校区社協の活動として，住民が主体となりその地域にあった活動計画を策定中です。私たち市社協は「いつでも声をかけてください」と呼びかけ，夜・土日関係なく住民の要望に柔軟に対応するよう心がけています。この柔軟さこそ社協らしさではないでしょうか，これが地域福祉推進の大きな鍵だと思っています。社協は，行政，インフォーマルサービスを含めて，あらゆる団体・組織との連携を図り，地域福祉ネットワークを築くことが求められています。医療関係者，保健・福祉施設関係者，消防団，民生委員・児童委員，在宅福祉アドバイザー，公民館や校区社協を含め小地域のネットワークをもっと充実させることに力を入れていく必要があると思います。もっと多くの人や団体・組織と関わりネットワークの強化ができれば，社協が輝き地域福祉が充実していくと思います。まだまだこれからですが，目標は大きく持ちたいと思います。つながっていかないと何も生まれない。上からきた仕事をただ流しているだけでは変わらない。コミュニティワーカーとして，福祉マインドを大切に，人と人とのつながりを大切に，……今，そんな思いを後輩につないでいきたい。

（聞き手　高橋信行）

あ と が き

　この本の執筆にかかった頃，衆議院の解散総選挙となり，その結果，政権交代がなされた。現段階では制度政策においては不透明感が強いが，実行の有無は別として，選挙前の新政権のマニフェストによれば，地方分権，子ども手当の創設，障害者自立支援法の廃止，保育所の待機児童の解消，老人ホーム待機者の解消と施設整備の拡充，介護職員等の処遇改善などがなされる予定である。何れもわれわれ福祉現場において大きな影響が出てくる政策ばかりであり，今後の制度の推移を注視していかなければならないであろう。
　しかし，われわれ福祉に携わる者の立場としては，制度がどのように変わろうとも確固たる理念の下，福祉サービスを提供する責務があると考えている。そのためにもそれを支える地域というものを大事にしていく必要があろう。そこで，今回，鹿児島という地域にスポットをあて，鹿児島での地域福祉実践活動を通して，改めて地域福祉とは何かということを考える機会にしたいということでこの本を刊行することとした。
　これまで地域福祉は，三つの系譜をもって発展してきている。一つ目は理論的系譜として，コミュニティ・ケア理念とノーマライゼーション理念を基本とした共生原理，自立生活原理，機会平等原理等への展開，二つ目は方法・技術の系譜として，地域組織化活動，ネットワーク，ケース・マネジメント，施設の社会化，在宅福祉等の展開，三つ目は実践の系譜として，行政，社会福祉協議会をはじめ，第三セクター，施設の地域活動，ボランティア等の住民参加型の公私協働実践の推進である。
　地域福祉概念については未だ，必ずしも一致した見解はない。しかし，地域福祉は研究・実践の両面において急速な進展を遂げている。これまでにも増して地域福祉の社会福祉分野におけるの重要性は高くなっている。
　地域福祉の急速な進展の背景には，グローバルな脱福祉国家化現象と我が国の高齢社会の進行と，それに伴う各種福祉制度改正に象徴される一連の福

祉改革がある。この現象は1970年代後半からいくつかの先進資本主義国家でグローバルな政策的方向として「福祉多元主義」の形であらわれている。

これまで，わが国においても「日本型サービス供給多元論」が展開されてきた。福祉多元主義の本来的意義や分権的多元主義などの検証によると，ニーズの多様化への対症療法的対応となっていることも否定できない。そのため，地域福祉の方法・実践の系譜が，研究・理論の系譜より比重が高まりつつあるのも事実である。つまり，地域福祉と福祉多元主義の相乗性が見られる時代になったといえよう。

福祉は実践の科学であるといわれるが，福祉はサービス論そのものではなく，価値や思想，文化を内在するものである。地方分権論や公私協働がさかんに叫ばれる中，福祉多元主義の源流をなす「分権的多元主義」にも一定の価値と思想を内在させていることを留意する必要がある。

このような認識からこの本では地域での福祉実践が伝統的な社会福祉の系統を越えて，どのようなサービスを創り出し，実際にその活動がどのようになされているかをとりあげていきたい。まさに「福祉を創る」基本となる認識や価値，思想，文化を柱として，そこから生まれる地域福祉の固有性を抽出したものである。これまでの福祉の歴史がそうであったように制度は実践によって造られるものであると信じている。このことからまさに実践の系譜から生まれる制度も今後大いに期待できるといえる。

現代の社会福祉は所得保障にとどまらず，住宅，生活環境，医療，保健，狭義の福祉，雇用，教育など総合的な内容を持っているが，これらは全てその「地域」の生活の場で保障されなければならない。特に福祉は居住地を中心とする「地域」での福祉実践が大きな影響を与えることになる。地方分権が叫ばれて久しいが，まさに地域福祉においては，福祉実践力が問われる時代となった。

本書の執筆にあたってのコンセプトは，主に先述の実践の系譜における「身近な社会福祉の実践と成果を伝える」というものとした。これまで福祉制度に関する解説本や課題を検証した文献は散見するが，福祉実践，とりわけ先駆的実践や地域特性に配慮した福祉実践を紹介する本は少なかったといえる。

そういう意味からも本書は，鹿児島における福祉活動，福祉実践を広く紹介することを強く意識して書かれている。
　先述の通り，特に鹿児島という地域に拘って論じたものとなった。鹿児島は歴史，文化においても明治維新で多くの偉人を輩出し，郷中教育に代表されるように地域での教育・助け合いの文化に根付いた土地柄で，福祉の実践活動においてもその一端が垣間見れるものと思われる。
　最後に刊行にあたりご協力いただいた多くの福祉関係者や出版元であるナカニシヤ出版の関係者の方々に心から感謝申し上げて結びの言葉としたい。

久木元　司

■ 執筆者一覧（執筆順。＊印は編著者）

＊高橋信行（たかはし・のぶゆき）　特定非営利活動法人福祉21かごしま理事長，鹿児島国際大学教授。〔担当〕はじめに，第1章，第9章第3，5節，第10章第5節，第11章。

佐藤直明（さとう・なおあき）　鹿児島国際大学教授。〔担当〕第2章。

天羽浩一（あもう・こういち）　鹿児島国際大学准教授。〔担当〕コラム1。

福元有希子（ふくもと・ゆきこ）　社会福祉士。〔担当〕コラム2。

小松尾京子（こまつお・きょうこ）　日本福祉大学助教。〔担当〕第3章第1，2節。

石踊紳一郎（いしおどり・しんいちろう）　特別養護老人ホーム青山荘施設長。〔担当〕第3章第3－6節，コラム3。

前山聡宏（まえやま・としひろ）　枕崎市地域包括支援センター社会福祉士。〔担当〕コラム4。

＊久木元 司（くきもと・つかさ）　社会福祉法人常盤会理事長。〔担当〕第4章第1節，あとがき。

佐多京子（さた・きょうこ）　鹿児島県授産施設協議会会長。〔担当〕第4章第2節。

水流純大（つる・すみひろ）　社会福祉法人落穂会あさひが丘学園施設長。〔担当〕第4章第3節，第10章第4節。

岡田洋一（おかだ・よういち）　鹿児島国際大学准教授。〔担当〕第4章第4節，コラム5。

前田隆一（まえだ・りゅういち）　小林市地域包括支援センター社会福祉士。〔担当〕第5章第1－6節。

福田正道（ふくだ・まさみち）　鹿児島県社会福祉協議会地域福祉部長。〔担当〕第5章第7節。

久留須直也（くるす・なおや）　鹿児島医療福祉専門学校専任教員。〔担当〕第6章第1，2節。

鄧 俊（とう・しゅん）　鹿児島国際大学大学院福祉社会学研究科博士後期課程。〔担当〕第6章第3節。

中原 学（なかはら・まなぶ）　霧島市立医師会医療センター総合相談室副室長。〔担当〕第7章。

辻村伸代（つじむら・のぶよ）　鹿児島県立開陽高校福祉科主任。〔担当〕第8章第1節。

三原英朗(みはら・ひであき) 鹿児島国際大学大学院福祉社会学研究科修士課程。〔担当〕コラム6。

伊東理一郎(いとう・りいちろう) 社会福祉法人健昌福祉会事務局長。〔担当〕第8章第2節。

川崎康弘(かわさき・やすひろ) 薩摩川内市社会福祉協議会地域福祉課主事。〔担当〕第9章第1節。

伊東安男(いとう・やすお) 社会福祉法人建昌福祉会理事長。〔担当〕第9章第2節。

久保　誠(くぼ・まこと) 龍郷町社会福祉協議会事務局長。〔担当〕第9章第4節。

栄　益弘(さかえ・ますひろ) 瀬戸内町社会福祉協議会事務局長。〔担当〕第9章第4節。

吉留康洋(よしどめ・やすひろ) 社会福祉法人南恵会施設長。〔担当〕第9章第6‐8節。

森山重康(もりやま・しげやす) 株式会社ヒューマンパワー代表取締役社長。〔担当〕第10章第1, 2節。

西元　晃(にしもと・あきら) 特定非営利活動法人福祉21かごしま副理事長。〔担当〕第10章第3節。

●執筆協力者一覧

水流かおる(つる・かおる) 社会福祉法人落穂会あさひが丘学園副施設長。(第4章第3節(1))

松久保和俊(まつくぼ・かずとし) 社会福祉法人敬和会第一知覧育成園施設長。(第4章第3節(2))

原　伸二(はら・しんじ) 鹿児島銀行営業支援部医業推進室室長。(第4章第3節(3))

福島正樹(ふくしま・まさき) 奄美市社協地域総務課長。(第9章第4節(1))

界田満仁(かいだ・みつひと) 喜界町社会福祉協議会事務局長。(第9章第5節)

福祉実践と地域社会
――鹿児島の人と福祉のあり方――

2010年5月24日　初版第1刷発行

監　修	特定非営利活動法人 福祉21かごしま
編著者	高　橋　信　行 久　木　元　　　司
発行者	中　西　健　夫

発行所　株式会社　ナカニシヤ出版
〒606-8161　京都市左京区一乗寺木ノ本町15
　　　　　　　　TEL　(075)723-0111
　　　　　　　　FAX　(075)723-0095
　　　　　　　　http://www.nakanishiya.co.jp/

© Nobuyuki TAKAHASHI & Tsukasa KUKIMOTO 2010 （代表）
印刷・製本／創栄図書印刷

＊乱丁本・落丁本はお取り替え致します。
ISBN978-4-7795-0437-2　　Printed in Japan

現代社会福祉
――鹿児島からの発信――

特定非営利活動法人福祉21かごしま 監修
伊東安男・高橋信行 編著

社会福祉の歴史を概説し、鹿児島での具体的な福祉実践を紹介。高齢者世帯日本一、奄美群島における出生率増など、鹿児島をめぐる今日的な課題への取り組みを示し、社会福祉のあり方を展望する。

二五二〇円

東アジアの社会保障
――日本・韓国・台湾の現状と課題――

埋橋孝文・木村清美・戸谷裕之 編

各国・地域における社会保障は、どのような共通点と相違点を持つか。少子高齢化、格差社会、財政難など、制度が直面する課題を豊富なデータを基に多角的に検証し、今後の政策の指針を示す。

二七三〇円

エドウィン・チャドウィック
――福祉国家の開拓者――

アンソニー・ブランデイジ／廣重準四郎・藤井透 訳

一九世紀英国において、ベンサムの思想を受け継いだ最も重要な社会改革者であり、二〇世紀「福祉国家」の思想的先駆者でもあったチャドウィック。彼の実像と功績を再検証し、福祉思想を問い直す。

三七八〇円

質を保障する時代の公共性
――ドイツの環境政策と福祉政策――

豊田謙二

公共性の位置づけや市民社会との連関を踏まえ、介護先進国ドイツの環境政策と福祉政策の事例を徹底的に検討し、更にはごみ問題を始め、公的介護保険制度などの諸問題を総合的に研究した労作。

三七八〇円

表示は二〇一〇年五月現在の税込価格です。